谨将此书献给家里的三位母亲

2017年重庆市博士后科研资助项目:"管资本"模式下的国资监管
体系新构建——逻辑、框架与路径(Xm2017157)阶段性研究成果

政府行为与利益平衡

——上市公司破产重整计划研究

Government action and balance of interests
—A study on bankruptcy reorganization
scheme of listed companies

| 李雨松 著 |

经济管理出版社
ECONOMY & MANAGEMENT PUBLISHING HOUSE

图书在版编目（CIP）数据

政府行为与利益平衡：上市公司破产重整计划研究 / 李雨松著 . —北京：经济管理
出版社，2020.8
ISBN 978-7-5096-7329-4

Ⅰ . ①政… Ⅱ . ①李… Ⅲ . ①破产法—研究—中国 Ⅳ . ① D922.291.924

中国版本图书馆 CIP 数据核字（2020）第 146624 号

组稿编辑：宋　娜
责任编辑：张　昕　杨　娜
责任印制：黄章平
责任校对：陈　颖

出版发行：经济管理出版社
　　　　　（北京市海淀区北蜂窝 8 号中雅大厦 A 座 11 层　100038）
网　　　址：www.E-mp.com.cn
电　　　话：（010）51915602
印　　　刷：三河市延风印装有限公司
经　　　销：新华书店
开　　　本：710mm×1000mm/16
印　　　张：11
字　　　数：192 千字
版　　　次：2020 年 9 月第 1 版　2020 年 9 月第 1 次印刷
书　　　号：ISBN 978-7-5096-7329-4
定　　　价：98.00 元

前　言

我国 2006 年新《破产法》的颁布，在某种程度上开创了破产法律实践的新局面。而其中破产重整程序的出现，更使我国破产法的着眼点由单纯的债务清算转向了对债务人的拯救和对社会整体利益的保护。破产重整程序作为一项在国外已经发展得较为成熟的法律制度，由于其程序的复杂性以及经济成本等因素，在相关国家并没有出现大规模适用的现象，而重整成功率也保持在一个较低的水平。但随着 2006 年新《破产法》的生效，在我国却掀起了一股破产重整的浪潮。在这其中有两个显著的特色，一是有大量的困境上市公司选择适用破产重整程序；二是在上市公司的破产重整实践中，到目前为止尚未出现一起因重整失败，被法院裁决终止程序的上市公司破产重整案例。这两点中国特色，无疑是研究现阶段我国上市公司破产重整实践所需要关注的重点。而就破产重整程序的进程来看，从程序的启动开始，最主要的工作都是围绕着破产重整计划来开展的。在程序的进程中，破产重整计划的制定、表决、批准以及执行，构成了重整程序的几大重要环节。因此，通过对破产重整计划的研究，可以系统地梳理上市公司破产重整中出现的各种问题。

本书将政府行为和利益平衡作为研究上市公司破产重整计划的理论切入点，在此基础上对上市公司破产重整计划的制定、表决、批准以及执行四个主要环节所涉及的相关问题进行了思考和探讨；并试图在解释两点"中国特色"的基础上，探求我国上市公司破产重整计划相关立法在将来可能完善和改进的方向。本书共分为七个部分：

导论部分主要对本书研究的缘起、课题研究现状及写作的思路做简单介绍。

第一章为"我国上市公司破产重整计划的理念嬗变"。在本章中，通过对破产法历史发展过程中的立法价值变迁做一个简单的梳理，并分析了传统意义上破产重整计划制度的基本原则，即利益平衡原则、私法自治下的公权力干预原则以及恢复债务人经营能力原则。而后对上市公司在我国特殊时期社会经济背景下的发展进行了分析，总结出我国上市公司对破产重整的特殊需求。在此基础上，本章结合我国社会转型的现实以及我国上市公司对破产重整程序的特殊需求，认为由于这种特殊制度性需求的存在，在上市公司破产重整的实践中，其传统破产重整计划的各项基本原则会受到相当程度的影响，从而被赋予新的内涵，甚至产生理念的嬗变。

第二章为"我国上市公司破产重整计划中的政府行为"。本章首先通过对历史的回顾，阐述我国公权力与商业活动间的特殊关系，在此基础上对我国上市公司破产重整对政府行为的需求进行了分析，并认为政府行为对我国上市公司的破产重整同时有着积极和消极影响。此外，以我国破产法为例，讨论了政策和立法价值的关系，对我国上市公司破产重整中的政府行为运作机制进行了描述。最后分析了我国上市公司破产重整计划中政府行为应当遵循的政策，并指出在上市公司破产重整计划的制定、表决、批准以及执行过程中，利益平衡和社会整体利益保护是政府行为应当遵循的原则性政策。在此原则性政策的基础上，维护社会安全稳定、保障职工利益、保留上市公司"壳资源"以及恢复上市公司经营能力，是现阶段我国上市公司破产重整计划实践中政府行为应遵循的四项具体政策。

第三章为"我国上市公司破产重整计划中的利益主体"。本章首先对上市公司进入破产重整程序后利益关系的变化做一个整体性的描述，分析了上市公司破产重整中内外部利益关系的变化和特点。并指出当上市公司进入破产重整程序后，因内部控制权、外部市场作用等因素的变化，以及公权力介入等原因，其涉及的利益关系在破产重整计划中也会产生一些新的特点，即资源的有限性和风险性，利益目标的多元性以及利益冲突调节中的公权力色彩。而后针对上市公司破产重整计划中涉及的债权人、债务人、股东等主要利益主体，对其在破产重整中的不同利益诉求进行了具体分析。在此基础上，探讨利益主体间冲突的表现和类型，指出上市公司破产重整计划中利益冲突可分为私权利之间的冲突，私权利与公权力之间的冲突以及公权力运作之间的冲突。

第四章为"上市公司破产重整计划的制定与表决"。本章通过分析我国上市公司破产重整计划的特点和制定原则，认为我国上市公司破产重整计划具有预先性、融资性以及可行性的特点。而在上市公司破产重整计划的制定过程中，本章指出利益平衡仍然是首先应当遵循的基本原则，除此之外还应当遵循共同协商原则以及特别保护原则。同时结合各国相关立法例，本章对上市公司破产重整计划的制定主体，计划所应包含的内容，以及上市公司破产重整计划的表决主体和表决分组等具体法律进行了探讨。

第五章为"上市公司破产重整计划的批准与执行"。本章将破产重整计划的批准与执行作为分析的途径，探讨上市公司破产重整中最终利益平衡的实现。对于上市公司破产重整计划的批准，本章对正常批准和强制批准分别进行了思考阐述。其中在上市公司破产重整计划的正常批准中，本章指出在利益平衡的基本原则基础上，法院审查批准上市公司破产重整计划时还应当遵循合法性原则、利益比较原则以及可行性原则。而在上市公司破产重整计划的强制批准中，本章从破产重整程序所体现的立法价值，破产重整程序可能带来的潜在经济利益以及破产重整计划中利益平衡要求等三个方面，对强制批准制度的必要性进行了分析。同时指出在法院强制批准上市公司破产重整计划时，除可行性原则外，还应当遵循最低限度接受原则以及最低利益原则。除上述理论分析外，本章还分别对上市公司破产重整计划正常批准和强制批准中的具体法律问题进行了探讨，指出了现有立法的部分不足之处。此外，在上市公司破产重整计划的执行中，本章从执行主体、执行中的监督以及救济等三个方面展开思考，探讨了其中涉及的相关具体法律问题，并对现有立法不足之处进行了分析。

最后结语为"对完善我国上市公司破产重整计划立法的思考及建议"。本部分在前文的梳理及分析基础上，结合我国上市公司破产重整的实践情况，对我国上市公司破产重整计划相关立法在未来的完善及发展进行思考，同时就上市公司破产重整计划在制定、表决、批准以及执行过程中，所涉及的部分具体条款提出了如何完善和修改的建议。

目　录

导　论

法学和民族志，一如航行术、园艺、政治和诗歌，都是具有地方性意义的技艺，因为它们的运作凭靠的乃是地方性知识。

——克利福德·吉尔兹[①]

使人们对法治（以及律师们对法律效力的其他言过其实的断言）持怀疑态度的一个原因是，在事物运转的方式和法律说它们应当运转的方式之间常常似乎存在着巨大差异。

——P·S·阿蒂亚[②]

一、研究的缘起

2006 年 8 月 27 日，十届全国人大常委会第二十三次会议表决通过了《中华人民共和国企业破产法》（以下简称新《破产法》[③]）。这部法律从起草到出台，历经十余年，期间经过全国人大常委会三次审议，其经历的时间之长，各方争议的焦点之多，在新中国的立法史上也是少有的。作为商事救济手段的一种，破产本身就是各种利益交错的集合。在企业正常运转的情况下，各类利益主体的冲突可以在一定程度上通过"意思自治"予以解决，而一旦涉足破产领域，自然已是"无可奈何花落去"了，各种矛盾的冲突（特别是债权人和债务人之间）已经在某种程度上无法通过主体间的自治手段予以解决。因此，破产法不仅涉及各种社会关系，而且其本身就是矛盾不可自治、调和的表现，这也大大增加了破产法立法以及此后法律实践的难度。

---

① ［美］克利福德·吉尔兹.地方性知识——事实与法律的比较透视［M］.邓正来译 // 梁治平.法律的文化解释，北京：三联书店，1998：73.

② ［英］阿蒂亚.法律与现代社会［M］.范悦等译，沈阳：辽宁教育出版社，1998：121.

③ 本书中未加书名号的破产法指一般意义上的破产法，加书名号的特指 2006 年新《破产法》。

但无论这其中曾经的分歧如何，随着 2006 年新《破产法》的通过，各种争议在立法层面上至少也要"尘埃落定"一段时间了。而当一部法律生效后，其真正的生命力在于实践与运用。在旧破产法时代，由于旧法从某种程度上是为了国有企业改制需求而诞生的，所以随着市场经济的发展，其并不能承担起市场主体退出的重任。因为新《破产法》的一再推迟出台，社会对于该法律资源的需求无法满足，从而转向了寻求其他解决途径。[①] 从某种意义上讲，这种现象说明旧破产法由于无法满足经济实践的需求，其作用和功能在很大程度上已被其他的非法律手段所替代。

2006 年新《破产法》较旧法增设了许多新的制度，如破产管理人制度和破产重整程序。其中，破产重整程序体现了破产法立法价值的发展趋向，即从单纯的破产清算转向"预防与拯救"的趋势。与旧法不同的是，新《破产法》从整体上更具有可操作性。从其颁布至今，各地已经完成了破产管理人的名册筛选及制定工作。在我国实务界几乎是属于全新领域的破产重整，在新《破产法》颁布生效的短短三四年间，便在大量的实务案例中得以运用，并取得了较好的社会效果。

破产重整在资本主义经济发达国家，作为一项成熟的制度，其已有较长时间的实践运用和理论研究。以美国破产立法为例，在 1800 年，美国国会完全以当时的英国破产法为蓝本通过了美国历史上第一部破产法，后在 1938 年通过的对 1898 年破产法进行修订的钱德勒法案中，重整制度作为一项破产预防的重要制度得以确立。在此后的破产法修订中，重整制度始终在破产法体系中占据一席之地，并且在 1994 年的破产法修正中还专门为小企业设立了重整程序（韩长印，2004）。

根据我国 2006 年新《破产法》规定，公司进行破产重整所遵循的典型进程为：首先是破产重整申请的提出，若符合重整条件，则经法院裁定后进入破产重整程序；其次是提出破产重整计划，由按法律规定划分的表决组对破产重整计划进行表决，若表决通过，则将该计划提交法院批准，未通过则可对计划进行修改后再次提交表决，若仍不能通过则终止破产重整程序，债务人破产。在一定条件下法院也可以强制批准通过破产重整计划；经法院批准后，就进入

---

① 在实践中，如一些私营企业，在无法经营或不准备再继续经营的情况下，其并非严格按照法律规定进行破产或清算后注销的方式来退出市场，而是往往采用不进行企业年检的方式坐等工商行政管理部门的吊销处罚。对于国有企业而言，尽管有部分反对修改破产法的理由在于担心新《破产法》的出台会导致部分处于困境中的国有企业纷纷破产，但在新《破产法》未出台前，政府部门通过行政手段主导国有企业的破产工作却一直在执行，这也就是我们所说的政策性破产。

计划的执行阶段，执行成功则意味着重整成功，债务人在一定程度上重获经营能力。在破产重整计划不执行或不能执行的情况下，仍然是由法院宣布债务人破产，进入破产清算程序。

通过对破产重整程序的简单描述不难发现，一旦法院裁定进入破产重整程序，整个程序的成功与否以及债务人能否重获经营能力的关键其实在于破产重整计划。该计划能否得到利益冲突各方的认可，以及其是否具有可执行性，将在每一个关键环节直接影响到程序能否顺利进行。所以似乎可以这么说，破产重整程序的进行其实是围绕着破产重整计划而展开的。这也意味着不同的利益主体，其利益的冲突、妥协乃至最后的平衡也是通过破产重整计划来实现的。因此，通过研究上市公司破产重整计划来系统全面地观察和思考上市公司破产重整中出现的各类问题，不失为一种便捷的途径。

对于国外破产重整的实践情况，有国外学者在我国新《破产法》颁布前的一次研讨会上就指出：凡是进入破产程序的案件，只有很小一部分进入重整程序。一般而言，这种比例为15%到20%，但有的国家也可能下降为5%，所以破产程序主要是对清算来规范的。李曙光教授也指出，美国1999年共有130万破产案件，其中120万件属于自然人破产，10万件属于企业破产，在企业破产中，有30%的案件进入重整程序，其中有一半是获得成功的。[①] 这些数据意味着，虽然破产重整已经有了一套成熟的立法体系，但在国外的实践中，其成功的比例并不算高。若初步探寻其原因，无非在于破产重整程序复杂，涉及利益主体较多，费用成本较高。

但令人惊奇的是，与国外的"冷清"相比，我国实务界在2006年新《破产法》颁布后，却掀起了一股对破产重整的浪潮。在这一片热闹景象中，有两个方面呈现出了显著的"中国特色"：

一是新《破产法》生效后，进入破产重整程序的企业多为上市公司。据相关媒体统计，新《破产法》实施短短两三年以来，中国证券市场已有20多家上市公司进行了破产重整。[②] 而时至今日，已有60家上市公司选择了破产重整，其中涉及的上市公司皆为我国证券市场所特有的ST公司。与ST上市公司的重整浪潮相对应，中国证监会也在制度层面做出了回应，于2008年11月11日出台了《关于破产重整上市公司重大资产重组股份发行定价的补充规定》。

---

① 汤维健."企业破产与重整法国际研讨会"研究综述（下）[EB/OL]. 中国民商法律网，http：//old.civillaw.com.cn/article/default.asp?id=9570，最后登录时间2019年12月7日.

② 新破产法实施后，20多家上市公司进行破产重整 [N]. 上海证券报. 2010年5月31日.

二是上市公司破产重整的成功率相当高。从目前媒体披露的信息来看，上市公司破产重整无一失败案例。截至 2019 年底，在笔者所掌握的数据中，共计有 60 家上市公司进入破产重整程序，其中已有 55 家上市公司的破产重整计划成功通过，尚有 2019 年进入破产重整程序的 5 户上市公司破产重整计划通过的时间待定（见表 1-1）。更值得关注的是，在这 55 家上市公司中，除个别公司外，绝大多数公司进入破产重整程序的时间与重整计划通过的时间之间，只有短短的一两个月。这在体现了高成功率的同时，还体现出了令人惊讶的效率。

表 1-1　上市公司破产重整名单（截至 2019 年 12 月）

序列	名称	进入破产重整时间	计划通过时间	受理法院
1	湖北天颐科技股份有限公司	2007.08.13	2007.09.18	荆州市中院
2	天发石油股份有限公司	2007.08.13	2007.10.11	荆州市中院
3	浙江海纳科技股份有限公司	2007.09.14	2007.10.24	杭州市中院
4	沧州化学工业股份有限公司	2007.11.16	2007.12.24	沧州市中院
5	兰宝科技信息股份有限公司	2007.11.16	2007.12.21	长春市中院
6	朝华科技（集团）股份有限公司	2007.11.17	2007.12.24	重庆市三中院
7	河北宝硕股份有限公司	2008.01.03	2008.02.05	保定市中院
8	北亚实业（集团）股份有限公司	2008.02.03	2008.04.24	哈尔滨市中院
9	广东华龙集团股份有限公司	2008.03.10	2008.04.13	阳江市中院
10	星美联合股份有限公司	2008.03.11	2008.04.22	重庆市第三中院
11	长岭（集团）股份有限公司	2008.05.14	2008.09.16	宝鸡市中院
12	华源股份有限公司	2008.09.27	2008.12.13	上海市二中院
13	上海华源企业发展股份有限公司	2008.09.27	2008.11.20	上海市二中院
14	山东九发食用菌股份有限公司	2008.09.28	2008.12.09	烟台市中院
15	焦作鑫安科技股份有限公司	2008.11.06	2008.12.22	焦作市中院
16	承德帝贤针纺股份有限公司	2008.11.10	2008.12.15	承德市中院
17	广西北生药业股份有限公司	2008.11.27	2008.12.30	北海市中院
18	新太科技股份有限公司	2009.03.11	2009.11.03	广州市番禺区法院
19	丹东化学纤维股份有限公司	2009.05.13	2009.11.27	丹东市中院

续表

序列	名称	进入破产重整时间	计划通过时间	受理法院
20	陕西秦岭水泥（集团）股份有限公司	2009.08.23	2009.12.14	铜川市中院
21	夏新电子股份有限公司	2009.09.15	2009.11.20	厦门市中院
22	光明集团家具股份有限公司	2009.11.09	2010.08.05	伊春市中院
23	深圳深信泰丰股份有限公司	2009.11.10	2010.04.30	深圳市中院
24	陕西咸阳偏转股份有限公司	2009.11.25	2010.05.07	咸阳市中院
25	锦化化工集团氯碱股份有限公司	2010.03.19	2010.07.30	葫芦岛市中院
26	辽源得亨股份有限公司	2010.04.13	2010.08.11	辽源市中院
27	广东盛润集团股份有限公司	2010.05.06	2010.10.13	深圳市中院
28	创智信息科技股份有限公司	2010.08.21	2011.05.27	深圳市中院
29	广厦（银川）实业股份有限公司	2010.09.16	2011.12.08	银川市中院
30	四川方向光电股份有限公司	2010.12.07	2011.06.16	内江市中院
31	四川金顶集团股份有限公司	2011.09.23	2012.09.17	乐山市中院
32	中国科健股份有限公司	2011.10.17	2012.05.18	深圳市中院
33	西安宏盛科技发展股份有限公司	2011.10.27	2012.04.23	西安市中院
34	中核华原钛白股份有限公司	2011.11.30	2012.07.31	嘉峪关市人民法院
35	延边石岘白麓纸业股份有限公司	2011.12.30	2012.07.30	延边朝鲜族自治州中院
36	山东海龙股份有限公司	2012.05.18	2012.11.02	潍坊市中院
37	金城造纸股份有限公司	2012.05.22	2012.10.15	锦州市中院
38	新疆中基实业股份有限公司	2012.10.19	2012.12.25	新疆生产建设兵团农六师中院
39	深圳中华自行车（集团）股份有限公司	2012.10.25	2013.11.05	深圳市中院
40	葫芦岛锌业股份有限公司	2013.01.31	2013.12.05	葫芦岛市中院
41	江苏中达新材料集团股份有限公司	2013.04.26	2013.11.19	无锡市中院
42	青海贤成矿业股份有限公司	2013.06.18	2013.12.18	西宁市中院
43	长航凤凰股份有限公司	2013.11.26	2014.12.30	武汉市中院
44	上海超日太阳能科技股份有限公司	2014.06.26	2014.10.28	上海市一中院

续表

序列	名称	进入破产重整时间	计划通过时间	受理法院
45	江苏霞客环保色纺股份有限公司	2014.11.19	2015.04.16	无锡市中院
46	深圳新都酒店股份有限公司	2015.09.15	2015.12.15	深圳市中院
47	新疆亿路万源实业投资控股股份有限公司	2015.11.07	2015.12.31	塔城地区中院
48	江苏舜天船舶股份有限公司	2016.02.05	2016.10.24	南京市中院
49	川化股份有限公司	2016.03.24	2016.09.29	成都市中院
50	哈慈股份有限公司	2016.06.08	2017.09.18	哈尔滨市中院
51	云南云维股份有限公司	2016.08.23	2016.11.21	曲靖市中院
52	重庆钢铁股份有限公司	2017.07.03	2017.11.20	重庆市一中院
53	北京理工中兴科技股份有限公司	2017.09.15	2017.12.21	北京市一中院
54	吉林永丰食品股份有限公司	2018.08.01	2019.06.26	吉林市中院
55	浙江久源林业科技股份有限公司	2019.01.17	待定	开化县法院
56	比特科技控股股份有限公司	2019.03.01	2019.05.05	本溪市中院
57	蓝鼎实业（湖北）有限公司	2019.07.03	待定	仙桃市中院
58	安徽白兔湖动力股份有限公司	2019.07.15	待定	安庆市中院
59	沈阳利源轨道交通装备有限公司	2019.11.14	待定	沈阳市中院
60	亿阳集团股份有限公司	2019.3.21	待定	哈尔滨市中院

资料来源：浪潮网。

　　这两点"中国特色"为研究我国的上市公司破产重整计划提供了很独特的视角——是什么样的因素促使新《破产法》出台后的这一场上市公司破产重整浪潮出现？而对于已经戴上 ST 帽子的上市公司而言，其债权人及公司本身为何不选择破产清算，而是几乎将破产重整作为最为优先的选择？同样又是什么样的力量促使本来在破产重整中存在较多利益分歧和冲突的主体，能最终通过破产重整计划达成利益的平衡，而形成了我国上市公司如此高的破产重整成功率？更为重要的是，作为我国一个新的制度，现有理论研究对上市公司破产重整计划实践中出现的各类问题尚未做一个系统全面的研究，而对于前文所提两点"中国特色"所引发的问题也有值得进一步关注和思考的价值，这便是笔者研究上市公司破产重整计划的缘起。

二、研究思路

作为国外一个成熟的制度，我国学者其实较早就对破产重整进行了关注和理论研究。[①]早期的研究为构建我国破产重整奠定了理论基础，并明确指出："经验和理性都告诉我们，建立重整制度，拯救困境企业，无论在经济上还是法理上，无论在理论上还是时间上，都是合理的、正当的、必要的和可行的。"[②]这应该是我国学者较早提出构建我国重整制度的言论之一了。但作为当时的中国社会经济状况而言，企业的破产清算尚属少见，破产重整则更是没有实践的土壤，所以前期的研究由于客观实践的限制，多为一般理论的研究和体系的构建，并在其中有部分内容涉及破产重整计划的相关问题，至于上市公司破产重整计划则是无从涉及了。

在 2006 年新《破产法》出台前的一段时期，对破产重整程序的研究成果逐步丰富起来。在新《破产法》施行后，也出版有少量以公司重整为研究对象的著作。该类著作多通过对国外立法的比较分析，并在结合中国实际的基础上，对破产重整制度进行系统研究。比如：从如何挽救经营困境企业的角度，在比较研究发达国家破产重整制度并结合中国实际的基础上，对破产重整制度进行了系统研究，并认为，破产重整是破产制度从清算债务人理念演化到挽救债务人理念的结果；新《破产法》兼顾了市场化的外部环境、债权人和债务人的利益平衡，提出了多样化的重整方式，进一步完善了重整规则；新《破产法》以司法救济的方式推动资不抵债企业的债务重组，有效地加速社会资源的优化配置，为中国的各类企业，特别是上市公司、金融公司及大中型企业创造了有效的再生之路（肖金泉和刘红林，2007）。而对于重整中各方利益的平衡，有学者指出：任何一项法律制度都不可能绝对平衡各方面的利益；对于重整制度而言，发展离不开债权人利益的保护，因为只有保护债权人的利益，才能赢得债权人的协助，同时也只有重整成功，债权人才能获得充分的保障，并且提出了公司重整是公司债权人保护新途径的观点（汪世虎，2006）。除学术类著作外，也有部分实践与理论探讨并重的著作，其紧密结合我国改革过程中重组困境企业的实践，详细地介绍了困境企业使用破产重整手段的时机、流程以及技巧（费

① 这其中较早的代表性论文有：王卫国.论重整制度 [J].法学研究，1996（1）；王卫国.论重整企业的营业授权 [J].比较法研究，1998（1）；冯果.公司重整制度与债权人的法律保护 [J].武汉大学学报（哲社版），1997（5）。代表性著作有：李永军.破产重整制度研究 [M].北京：中国人民公安大学出版社，1996.

② 王卫国.论重整制度 [J].法学研究，1996（1）：98.

国平，万磊和徐家力，2005）。上述著作在各自研究的角度下，将破产重整计划作为破产重整制度的一部分，对于程序推进中的破产重整计划各个环节中的问题有所涉及。对于上市公司破产重整计划的研究而言，现有论文多从某一方面或上市公司破产重整过程中的某些具体法律问题入手，进而分析重整的制度优势，探讨上市公司重整中的债转股、股权与资产重组、股东权益的保护与限制、信息披露及税收优惠等问题。[①] 对于国外的研究而言，破产重整程序同时受到法学界和经济学界的关注。由于其制度的建立已有一段历史，故研究的重点多集中在如何使重整制度更有效上。而对于重整过程中错综复杂的利益冲突，有学者认为破产程序的目标应该是债权人利益的最大化，破产法的立法政策和具体的规定都应是保证该目标的实现。与之相对应地，另有学者认为在破产分配中包括一系列相互冲突、竞争的价值目标，这些目标没有一个是绝对优先的（伊丽莎白·沃伦和杰伊·劳伦斯·韦斯特布鲁克，2003）。

　　由于破产重整程序在国外相关国家已有成熟的发展和坚实的历史基础，所以学术研究视角也就多体现为对该制度的完善和改进。对于我国而言，前期的研究由于缺乏实践素材而多只集中于理论的构建上。在新《破产法》颁布生效后，对于上市公司掀起的重整浪潮虽然也引起了学术界的极大关注，在本书的后续内容中，会对涉及的相关研究结合本书观点做具体分析。

　　我国2006年新《破产法》的制定和出台经历了一段较为漫长的时间，期间也引发了相当多的分歧和争议。究其原因在于公司破产本身就是一个各种利益冲突及矛盾在一定程度上无法调和的产物，而其中的破产重整程序，由于其为破产制度的重要组成部分，自然也无法避免各方利益的分歧与冲突。在面临不同的利益诉求时，应当如何通过破产重整计划来寻求一种平衡，是理论研究需要思考的一个问题。特别是在上市公司破产重整程序中，由于上市公司作为公众公司，不仅涉及众多的股民，还对其所在区域的经济影响广泛，涉及的其他利益相关人众多，所以利益的冲突和平衡是上市公司破产重整计划各阶段都无法回避的问题。其次，由于我国的公司上市制度和诸多历史因素，致使上市公司很多时候不单纯是一个商事主体，而和政府有着密切的关系。相对应地，在上市公司破产重整程序中，政府也会成为诸多利益主体中的一员。这个特殊的

[①] 其中比较有代表性的论文有：王欣新、徐阳光.上市公司重整法律制度研究；汪世虎.我国公司重整制度的检讨与建议——以债权人利益保护为视角；赵泓任.重整中上市公司非公开发行股票的相关法律问题；陈英.破产重整中的信息披露问题研究；郑志斌.上市公司重整的八大问题等一系列文章。

社会背景是否与新《破产法》颁布以来我国上市公司破产重整"屡战屡胜"有着一种内在的联系，这也可以是思考我国上市公司破产重整计划的一个切入点。

结合上述思考，笔者将政府行为和利益平衡作为对上市公司破产重整计划思考的切入点，在此基础上对破产重整计划的制定、表决、批准以及执行四个主要环节所涉及的相关问题进行思考和探讨。并试图在解释前文提出的两点"中国特色"的基础上，探求我国上市公司破产重整计划相关立法在将来可能完善和改进的方向。除导论和结语外，本书共分为五个章节：

第一章为"我国上市公司破产重整计划的理念嬗变"。在该章中，笔者拟通过对破产法历史发展过程中的价值变迁做一个简单的梳理，在此基础上思考、分析传统意义上破产重整计划制度的基本原则。而后将我国上市公司放入我国社会这个大背景之中去观察、分析，总结出我国上市公司对破产重整的特殊需求。在上述工作的基础上，本章试图结合我国社会转型的现实以及我国上市公司对重整制度的特殊需求，在理论上分析这种特殊的制度性需求对我国上市公司破产重整计划各项理念嬗变所产生的影响。

第二章"我国上市公司破产重整计划中的政府行为分析"和第三章"我国上市公司破产重整计划中的利益主体分析"，将尝试通过"政府行为"和"利益平衡"这两个理论上的切入点，将上市公司破产重整计划中涉及的实践问题做一种理论上的分析，并希望能揭示纷乱现象之后的共性。

在第二章中，首先通过对历史的回顾，阐述我国公权力与商业活动间的特殊关系，在此基础上对我国上市公司破产重整中对政府行为的需求进行分析，并从两个方面探讨政府行为对我国上市公司破产重整的积极和消极影响。此外，还以我国破产法为例，讨论政策和立法价值的关系，对我国上市公司破产重整中的政府行为运作机制进行描述。最后在上述分析的基础上，对我国上市公司破产重整计划中政府行为应当遵循的政策进行具体分析，指出利益平衡和社会整体利益的保护是我国上市公司破产重整中的根本性政府行为政策，在此之下还有维护社会安全稳定、保障职工利益、保留上市公司"壳资源"以及恢复上市公司经营能力等四项具体政策。

在第三章中，拟对上市公司进入破产重整程序后利益关系的变化做一个整体性的描述，并分析上市公司重整中内外部利益关系的和特点。在此基础上，对上市公司重整中各利益主体做具体分析，探讨利益主体间冲突的表现和类型，并试图总结出各方利益在冲突中可能存在的平衡点和达成平衡的途径。

第四章和第五章将围绕破产重整计划在程序中不同的环节来展开。由于在破产重整计划的制定与表决过程中，利益各方的冲突是最为集中的阶段，因此

　　在第二章和第三章对"政府行为"及"利益平衡"理论分析的基础上,第四章"上市公司破产重整计划的制定与表决"通过分析上市公司破产重整计划制定的特点和原则,具体分析在制定重整计划过程中各利益主体是如何围绕着重整计划进行利益的冲突和博弈,以及又是在何种表决机制的作用下最终达成利益的平衡。由于破产重整计划在经过债权人会议通过后,就涉及重整计划的批准和执行,而这一环节将直接影响经过各方主体妥协、平衡后的破产重整计划能否真实地产生效果并最终重整成功。故第五章"上市公司破产重整计划的批准与执行"拟将破产重整计划的批准与执行作为分析的途径,探讨上市公司重整中最终利益平衡的实现。通过第四章和第五章,笔者试图使前文对政府行为和利益平衡的理论分析,通过破产重整计划的不同环节,具有实践上的验证意义。同时通过政府行为及利益平衡这一理论切入点,按照破产重整计划在程序中的环节顺序,对上市公司破产重整计划中出现的问题做一个系统的分析。

　　最后,在结语"对完善我国上市公司破产重整计划立法的思考及建议"中,在前文所做的梳理及分析的基础上,拟结合我国上市公司破产重整的实践情况,对我国上市公司破产重整计划相关立法在未来完善及发展做出一些探讨,并就某些具体条款如何完善和修改提出自己的建议。

　　就全书而言,笔者拟就以下两个方面做出努力并希望有所贡献:

　　首先,对于上市公司破产重整计划而言,其涉及的法律关系繁杂,同时还涉及破产法、公司法及证券法等相关法律法规的衔接,这些问题随着重整实务的进一步展开都会逐步显现。可以预期的是,由于我国上市公司的特殊性,破产重整在未来一段时间内都将会是我国证券市场上 ST 上市公司的首选,因此对上市公司破产重整计划涉及的诸多问题做一个系统的梳理和探讨,不仅有理论研究的意义,更有实践层面的价值。笔者拟通过以破产重整计划为主线,对上市公司破产重整过程中涉及的理论和实践问题做一个系统全面的探讨,希望能对目前研究的全面性和系统性有所贡献。

　　其次,作为一个实践性很强的研究对象,上市公司破产重整在现实的运行过程中已经出现了很明显的"中国特色",如何来理解和看待这种法律运行中的特点,甚至进一步而言,这种实际运行中的特点又在向我们传达着什么样的讯息,对我国上市公司破产重整制度的未来发展会产生什么样的影响,这些问题都是思考我国上市公司重整制度所不能回避的。因此,笔者拟将从上市公司破产重整计划的实践观察中抽象出的两个特点,用政府行为及利益平衡作为切入点进行分析,希望能对理解上市公司破产重整程序在我国的实践运行有所贡献。同时在此基础上,再提出未来部分立法修改的建议,并力图使相关建议具有现实的实践意义，而不是因与我国现实不符而沦为"纸上谈兵"。

三、需要说明的问题

在进入正文之前，笔者需要就自己对一些理论问题在理解和认识上的倾向进行一些必要说明：

首先，如何理解法律在社会生活中的作用。法律对于现代社会的重要性，早在欧洲启蒙时代，就有学者指出"一旦法律丧失了力量，一切也就都告绝望了；只要法律不再有力量，一切合法的东西也都不会再有力量。"① 虽然经过理论研究发展，人们已经可以比较客观地认识法律在社会中的作用，认识到法律规范本身在某种程度上或许远没有想象得那么重要。如果将经国家权力机关通过的法律规范视为一种社会正式规范，那么除法律这种社会控制手段外仍然存在非正式社会规范。非正式社会规范具有一定的自发性，虽然没有国家强制力作为后盾，但是在社会团体个体的内心中仍然具有相当程度的强制力。而对于法律的强制性，有学者指出"存在着一种在心理学上经不起推敲的流行观点认为，人们之所以不去强占别人的财产，只是因为他们畏惧刑法，之所以偿还债务，只是因为面临法院执行者之威慑。事实上，当所有的刑法都丧失其力量时——比如在战争和内乱中临时发生的情形，也总是只有很少一部分居民参与杀人、抢劫、盗窃和抢夺；在和平时期，绝大多数人会履行所承担的义务而不会考虑强制执行者。的确，从这一点得不出结论，说绝大多数人服从规范仅仅出于内心的冲突；但可以肯定地说——即使完全撇开下面不谈：绝对有一些社会规范，其既不靠刑罚也不靠强制执行来威慑，尽管如此它们并非没有实效——畏惧刑法和强制执行并不是决定他们这样去做的唯一因素。"② 因此，法律并不是人们社会经济活动的唯一标准，在某种情况下甚至在引导人们行为的因素中找不到法律的影子。所以，尽管法律往往给出了一个行动的模式，但社会活动（包括但不限于经济活动）的运行方式却时常与法律所描述的不相符。

当出现上述情形时，笔者认为不能简单地给出一个结论或者说价值判断，即这种与法律不相符的运行，由于其违反了法律规定，则其便不具有合法性基础，是一种错误的运行模式，应该根据法律的规定予以纠正。当实践与法律规定不相符时，首先应当是保持一种价值中立的态度，来观察和分析出现这种不

---

① ［法］卢梭.社会契约论［M］.何兆武译.北京：商务印书馆，1980：168.
② ［奥］欧根·埃利希.法社会学原理［M］.舒国滢译.北京：中国大百科全书出版社，2009：64.

符的根源何在，或者是揭开这种现实运行与法律书面规定矛盾、冲突的面纱，探寻在这之后反映出什么样的社会现实需求，或是否隐藏着某些尚未被察觉到的社会运作机制。在此基础上，再返回来审视现有的法律规范，从而找到书本上的法律规范与现实社会运作的和谐平衡点。

其次，就制度的层次而言，法律制度是整个社会结构下的一个子系统，除法律制度外，社会本身还存在着其他诸多与法律制度相平行的子系统（如文化、经济），这些制度共同构成了社会这个大的系统。按照社会系统理论（也有研究称为结构功能主义）的观点，作为一个大系统的社会本身，是由许多相互关联的子系统组成。这些子系统履行着特定的功能，之间存在着信息和能量的交换，进而相互依赖构成一个整体（于海，1993）。在这种社会系统理论的视角下，法律制度仅仅是一个子系统，其必然会和其他子系统产生关联，并共同发生作用。换言之，法律尽管有着它独特的体系和运作方式，但在社会这个更高一级的系统之下，其也很难"独善其身"。这也意味着，哪怕是法律条文具有完全的一致性，但在不同的社会系统之中，该法律子系统的实际运行形态和效果也会产生极大的区别。

当我们将这种视野投向自己的国家时，哪怕仅仅通过很简单的历史回顾，也可以发现中国的社会发展经过了与西方国家完全不同的道路。马克斯·韦伯曾经提出一个大家都熟悉的问题：为什么现代资本主义产生于西方，而不是其他任何地方，比如中国，而在其相关论述著作中，其认为中国缺乏"资本主义经营"所需要的法律形式和社会学基础。比如，中国既缺乏西欧中世纪城市新兴市民阶层所促成的各种自治机构，没有理性的商业非人格化及其萌芽——意大利城市的商业法律（马克斯·韦伯，1997）。无论韦伯的这些论述是否准确地反映了中国过去的现实[①]，但这至少说明了一个问题，已经有学者在以前就认识到了中国社会和其他西方国家的不同之处。而这些可能存在的差异将会导致一个国家一个社会的不同发展方向和途径。认识到这一点，对于我们观察相关法律制度在中国当今社会的实际运行有莫大的帮助，特别在中国当代法律体系多为移植或借鉴国外法律的现状下，更具有研究的现实意义。

对于上述两方面的分析，当回到对我国上市公司重整的观察和探讨的时候，对于这个同样是借鉴西方发达国家成熟制度的法律移植，其在中国社会中的运行是否当然的就会像其在"母国"一般？中国社会中所特有的各种非法律制度

---

① 对于这种认识，现在已经有学者指出了其中的偏颇之处。而中国历史上的曾经的商业活动和精神，以及当今中国在这方面的体现，笔者会在后面的写作中结合本书的主题陆续加以描述和探讨。

以及社会其他子系统，将如何和破产重整这一新的法律制度产生互动，并在各种运行力量的"共力"下将会产生什么实际效果？这些问题都需要我们站在中国社会和中国法律的立场之上去观察和分析，而不是持一种"西方中心主义"立场。在这样的理论偏好的影响下，在笔者对中国上市公司重整的思考中，西方成熟的相关制度不过是一个最具比较意义、为使对我国自身相关制度运行得到更全面认识而必须进行比较的社会系统。因为"中国法律之不同于西方法律，并非只是法律本身的不同，更重要的是法律所蕴含的以及法律背后所支撑的社会文化条件不同。"①

---

① 尹伊君.社会变迁的法律解释［M］.北京：商务印书馆，2003：10.

第一章
我国上市公司破产重整计划的理念嬗变

第一节　立法价值变迁下的破产重整计划基本原则

在美国法中，破产重整一般以"Business Reorganization"表示。布莱克法律词典对该词的解释是：债务人认为其将陷入破产或无能力清偿已到期债务时，可依照破产法第 11 章申请该程序。在法院的监督下，债务人可以继续经营，直至其提出能为 2/3 以上债权人通过的重整计划。若在申请重整时债务人已经濒临破产，绝大多数股东必须赞同该重整计划。[①] 与之相对应地，在英国法当中则使用了"Administration"一词，其被认为是一个法院颁发的命令，在命令的有效期内，该命令所针对的公司的财产及经营事务将被一位管理者管理，且该管理令仅在公司可能出现无法清偿债务或符合法律目的的情况下，法院才可颁布。而对于那些已经进入破产清算程序的公司则不再适用。[②] 在对英美法系两大代表性国家对破产重整的描述中可以发现，无论在具体的细节上有何不同，两者都是适用于处于困境中的企业，目的在于使企业可以继续经营。

从实践来看，在破产重整程序中，破产重整计划起到了核心作用。从重整申请的提出到重整关系人会议的组建，期间各方主体的利益博弈，其目的都在于破产重整计划的起草与顺利通过。当计划通过后，后续的破产重整程序也将围绕该计划的执行而展开。而在一定程度上判断重整是否成功的标志，就在于

---

① See *Black's Law Dictionary*. Sixth Edition by The Publisher's Editorial Staff. ST. Paul, Minn. West Publishing Co, 1990：147.

② See Hamish Anderson. *Administration—Part□ of the Insolvency Act 1986*. London Sweet& Maxwell, 1987：3.

破产重整计划是否执行完毕。因此，有学者指出，围绕着重整计划的制定、通过、批准、执行、变更和终止的一系列规定，形成了一个由法律规制和有法院参与的多边协商机制（覃有土，1991）。而作为破产重整程序的核心制度，破产重整计划制度所包含的理念必然也会受到破产法立法价值变迁的影响，从而形成自身的基本原则。

一、破产法的立法价值变迁

（一）对债权人的绝对保护时期

有学者指出，在十二铜表法制定以前，债权人在债务人不能清偿债务时，可以羁押债务人，或使债务人沦为自己的奴隶而供其任意使用，甚至还有权将债务人杀死而代替债务的履行。公元前451年，罗马的十人立法委员会制定了《十二铜表法》，其中第三表涉及了对债务的执行，即对于自己承认或经判决的债务，有30天的法定宽限期。期满后债务人还不能还债的，债权人可以拘捕债务人并将其押到长官前，申请执行，若债务人在此时仍不能清偿债务，又无人为其担保，则债权人可将其押至自己家中拘留，给债务人带上重量不超过15磅的手链或脚镣。债务人在拘禁期间，得自备伙食，如无力自备，则债权人应每日供给谷物粉一磅。拘禁债务人的期限为60天，期间债务人可以与债权人谋求和解，若期间无法和解，债权人应连续在三个集市日将债务人牵至广场，高声宣布所判定的金额。在第三次到广场后，如仍无人代为其清偿债务或担保，债权人就可以将债务人卖到国外或将其杀死，甚至当债权人为数人时，还可以分割债务人的肢体进行分配。即使没有按照债权额比例切块，也不构成犯罪（周枏，1994）。虽然《十二铜表法》对债务执行的规定有着详细而又严格的程序要求，在时间上也给了债务人自我救赎或寻求他人救助的机会，但这其中贯穿始终的主题依然是债务应当溯及人身乃至生命，所体现的理念带有明显的原始"同态复仇"思想的色彩。

除古罗马时期外，在西欧中世纪时期，当查士丁尼的著作在意大利被发现的时候，那些研究古代文献的法学家如同他们同时代的人们一样，相信这种早期的文明或罗马帝国不论在西方还是东方都一直存在到他们那个时代，认为查士丁尼的法律是一种可以在所有时代和所有地方适用的法律（哈罗德·J.伯尔曼，1993）。在这样的历史机缘之中，伴随着中世纪后期商业和城市的复兴，罗马法其中的合理因素与中世纪商人的实践活动相结合起来，带来我们现在所说的罗马法复兴运动。在对罗马法一定程度承继的背景下，西欧中世纪的相关破产法制度对罗马法的债务执行制度也有吸收和利用。就当时的日耳曼习惯法而言，"对拖欠的债务人特别严厉。他的债权人可以取得他拥有的所有财产，甚至可以住在他的屋里，使唤他的仆人，吃他的饭。"① 这种习惯所体现出来的理念其实和罗马时期相似。

在欧洲大陆的其他国家或地区，以法国为例，其有关破产的法律规定，最早见于1538年和1629年颁布的法律。这些法律的创造之处在于确立了"破产有罪"的观念和原则，对欺诈性破产实行严格的刑事处罚（汪世虎，2005）。而1667年的《里昂破产法》无疑是世界最早的破产成文法。至1673年，法王路易十四颁布《商事敕令》，这是法国包含破产事项的第一部全国性立法，该条例的颁布实现了破产程序在法国的统一化和法律化。《商事敕令》中第十一章"破产"共计13条，较为详细地规定了商事破产程序。该条例不仅标志着法国成文破产法的正式成立，而且也奠定了法国近代商人破产主义立法的基础（何勤华、魏琼，2007）。

而与欧洲大陆相对应的，在法律体系上自成一统的英国在1542年，亨利八世以成文法的形式颁布了英国历史上第一部破产法（胡健，2005）。该法被描述为一个针对那些确实已经资不抵债的人的法案，它的序言解释了它的立法目的："鉴于形形色色的人狡猾地占有了他人大量财产后突然消失，或者紧闭家门而不打算向债权人偿还债务或履行义务，为其自身的享乐和优越的生活，抛弃了理性、公平和良知，随心所欲地享用他们凭借信用从他人那里获得的物质财富。"1542年破产法准许变卖上述"罪犯"的财产并将变现所得按比例分配给他们的债权人，这就是英国法律中同等原则的起源，尽管立法更侧重于对债务人财产的清收而非分配。同时法律授权大法官和大法官任命的破产委员会成员可以根据债权人的申请传唤破产人，经过宣誓后进行调查，必要时还可以拘禁破产人直到剥夺其财产为止（费奥娜·托米，2010）。这可以看出，这一时期的英国破产法在看待"破产"时，仍然带有和法国一样的"破产有罪"色彩，而在对债务的执行中，法律也在一定程度上将效力波及了债务人的人身。

（二）对债权人及债务人利益并重保护时期

在中世纪末期，在商人日益活跃的商业活动以及随之而带来的城市经济面前，中世纪封建制度的经济基础——以庄园为主的经济体系遭到了彻底的破坏

---

① ［美］哈罗德·J.伯尔曼.法律与革命［M］.贺卫方，高鸿钧，张志铭，夏勇译.北京：中国大百科全书出版社，1993：428.

和颠覆。同时伴随着欧洲大陆近代民族国家的建立，中世纪的商人习惯法也随之发展到了近代成文商法。这体现在破产相关立法上，欧洲大陆典型的国家如德国，与另一法系的英美两国，虽然都走过了一条不同的立法道路，但却在破产法立法价值取向上有着"异曲同工"之妙。

1. 德国

就德国的破产法立法而言，由于对19世纪法国和意大利着重于债权人自治破产制度的推崇，德国于1877年制定了独立的破产法。该部法律既适用于企业也适用于普通人，在相当长一段时间里被视为"最杰出的德国司法制度法律"。到了第一次世界大战期间，德国作为措施性立法引进了"避免破产的业务监督"机制（1914年颁布的《破产预防业务监视条例》[①]），至1927年该机制演变为了《和解法》，这又成为了1935年2月26日通过的《和解法》的先行者，由此在德国形成了破产程序与和解程序并行的双轨制（李飞，2006）。"二战"后，德国对1898年修正的破产法进行了至少六次较大的修改，特别是1967年配合刑法改革全面修正了破产犯罪编，以及1976年为配合打击经济犯罪和简化破产程序，将破产法中的犯罪编移至刑法典，使德国破产法纯民事化（何勤华、魏琼，2007）。

2. 英国

在那个几乎绝对保护债权人的年代，英国破产法带有明显的"破产有罪"的色彩。比如尽管1705年破产法采用了商人破产主义，破产由债权人提起，对诚实无欺诈的破产商人免除部分债务，但1732年颁布的《预防破产人欺诈法》，则将无债务清偿能力看成犯罪行为，允许对债务人实施监禁（何勤华，魏琼，2007）。对于监禁债务人的问题，在英国的破产立法中曾经保留了数个世纪，直到1838年彻底废除了在破产过程中监禁债务人的做法，至于因债务判决被监禁的做法则在1869年被废除。

对债务人的免责问题，虽然1705年的英国破产法中已经包含了一定前提下破产免责的内容，但该立法的目的是为了说服破产债务人在破产过程中予以合作，方才首次采用了剩余债务免责制度。但在程序上余债免除必须获得4/5的债权人、破产委员会委员几大法官的同意，这苛刻的程序性要求给少数有报复心理的债权人提供了不正当的权力。至1842年，余债免责问题交由法院决定，之后又进入由议会尽力识别破产人是否适用于余债免责的阶段，如在1849年，破产人被划分为三种类型：品行好的破产人、不幸的破产人和挥霍型的破产人。

[①] 何勤华，魏琼.西方商法史［M］.北京：北京大学出版社，2007：331.

而直到 1976 年，余债免除才自动适用（费奥娜·托米，2010）。

3. 美国

根据美国宪法列举的美国国会所享有的权力，其享有在"合众国内建立破产事务的统一法律"的立法权力。[①] 根据美国宪法的这一授权，美国国会于 1800 年颁布了美国历史上第一部破产法。在 1800 年破产法之后，美国国会于 1841 年和 1867 年通过了两部破产法。此时，自愿破产制度对商人以外的债务主体已经开始适用，但商人仍不能提出自愿的破产申请。一些美国学者认为，美国 1841 年破产法才开始将破产法的债务救济功能和债权保障功能融为一体，他们认为 1841 年立法的侧重点非常明显，即给债务人以救济成了立法的重心所在。至于 1867 年破产法则采用了一般破产主义，承认了商人的自愿破产。同时还对债权人表决同意的免责作出了限制性规定，既债务人若要获得免责需得到简单多数的债权人同意（韩长印，2004）。

上述三部破产法由于受当时社会经济环境及政治因素的影响，其生效的时间均相对短暂。到 1898 年，美国国会再次颁布了破产法。该法是美国政府 19 世纪颁布的第四部联邦破产法，在美国破产法发展史上具有里程碑的意义，基本上奠定了现代美国破产法的框架，使美国破产法由"不自愿破产"到"自愿破产"，最后演进至"策略性破产阶段"。[②]

4. 这一时期破产立法有以下特点

首先，这一时期对债务的执行不再波及债务人的人身乃至生命，而破产本身日益成为单纯的民商事法律事实，剥离了刑事法律的色彩。免除债务人因单纯财产问题而危及自身的安全和性命的做法，将财产问题交由财产的方式去处理，这其中的理念则包含在了"破产无罪"的思想中。经济规模的增大不可避免地会带来经营风险的增加，若只是绝对地保护债权人的权益，则对那些诚实经营而又因为不可避免的经营风险而陷入困境的债务人来说，是显失公平的。同时那种对债务人进行监禁的手段，在经济上看并不具有效益上的意义。因此，无论从文明发展、人道保护进步的角度，还是从社会经济发展的效率及安全要求看，都需要在这一时期加强对债务人利益的关注和保护。

其次，就制度的创新而言，这一时期的破产法对债权人和债务人权益的并重保护，出现了自愿破产、破产免责（余债免除）、破产和解等重要制度。其中，

① Todd J. Zywicki. *The Past, Present, and Future of Bankruptcy Law in America*. Michigan Law Review, 2016（2003）.

② 何勤华，魏琼. 西方商法史［M］. 北京：北京大学出版社，2007：453.

破产和解制度为公司提供了一种重生的机会，虽然在这种制度下对债务人的机会一定伴随着债权人一定程度上的妥协和自愿负担，但从实践来看，在债务人陷入经营或财务困境的情况下，采用破产清算较和解或许在经济效益上更不利于债权人。因此，和解制度实际上是破产法发展历程中一次典型的对债权人和债务人进行利益平衡的制度性设计。

（三）社会整体利益的重视与保护时期

在第二次世界大战以后，世界社会经济发展最明显的特征便是经济力量的集中。以美国为例，由于公司制度中存在的向心引力，将财富吸入规模不断扩大的集合体中，使现代公司的规模让人难以把握。这种大型公司构成了美国产业的基础架构，每一个小型公司几乎都必须与它们保持经常的接触，如通过证券市场投资一家或几家公司的股票，受雇于其中的一家公司，更为重要的是其生活在现代社会中需要不间断地接受这些公司所提供的各种服务（阿道夫·A.伯利和加德纳·C.米恩斯，2005）。也有学者指出，随着生产力和交流的发展，出现了一些几近完全独立于国家之外的决策中心。对于整个人类来说，一些大型多国公司扮演的角色至少和那些大国同样重要。它们的经营范围遍及各大洲，它们作出的决定关乎数亿人的喜乐。投资的选择、待遇政策、不同工厂之间的产量分配，这些行为对人类活动的影响比大多数政府还要大（阿尔贝·雅卡尔，2001）。若我们缩小范围，将观察的视角局限在比一国更小的一个区域、一个城市甚至一个社区，仍然可以发现相同的现象。在这种社会经济背景下，若破产法仍然局限于债权人和债务人这一古老的范畴，或许将很难应对现实对法律的要求。对于这一时期的破产法而言，其回应这种社会需求的最典型的制度创新则是破产重整制度的出现。

从主要西方国家的破产立法来看，有研究者指出，英国是重整制度的发源地，其重整制度起源于 1867 年制定的《铁路公司法》，该法对濒临破产的铁路公司，在法院监督下设置管理人，加以整理（汪世虎，2005）。而美国的破产重整制度的确立，是通过 1938 年颁布的钱德勒法实现的。该法案对 1898 年破产法进行了修改，其所依赖的理论根基是当公司遇到财务危机时，如果能够维持企业的存续从而保留企业的存续价值，将被认为是对债权人和债务人有利的选择。这样通过这部法案，重整制度作为一种破产预防的重要方式在美国破产制度中得到了确立（韩长印，2004）。但这部法案最初并没有产生人们预期的良好社会和法律效应。钱德勒法案对破产法进行了全面的改进，使破产法其中第 10 章包含了关于公司重整较为详细的规定，第 11 章则涉及了提供无担保债权人与债务人的偿债协议安排。但由于第 10 章适用于上市公司，而第 11 章适用于所有私人公司，这使得对 11 章的适用没有太多限制，重整公司董事会在适用第 11 章的情况下仍然可以掌握企业的控制权且缺少证券交易委员会的监管。在这种情况下，则容易出现公司滥用第 11 章的可能。① 而此后美国的 1978 年破产法在某种意义上是集此前立法和司法经验的大成者，其吸收了 1898 年破产法和 1938 年钱勒德法案中的相关规定，对破产重整的规定集中在第 11 章，对重整的适用范围、申请程序、重整企业经营的继续、重整计划、程序的转换、法院的地位和作用等重整基本问题做了系统规定。至 1994 年颁布的破产法改革法，其对重整中的债权人、债务人关系进行了调整，限制了债务人对重整的发动，加大了对欺诈和滥用破产程序的惩罚（张世君，2006）。

　　对于大陆法系国家而言，这一时期对重整立法和实践最为典型的国家当属法国。1985 年法国颁布了《困境企业司法重整及清算法》，该法建立了一套以重整为主、清算为辅的新型债务清理制度。其在挽救企业和维持就业方面成效显著，但也存在对债权人保护不力的缺陷。而于 1994 年颁布的《企业困境防治法》总结了以往的经验，加大了早期治理企业困境的力度，对《困境企业司法重整及清算法》做了若干修正，以加强对债权人的保护（王卫国，1996）。从法国的立法思路及进程中可以发现，在这一时期法国的破产法无论是立法思想还是司法实践，都已经很明显地由"债务清理"转向了"债务人重生"的角度。而走得更远的是，其不仅将目光关注在问题产生后对债务人的拯救上，还扩展到了事前预防机制上。这种立法和司法实践思路，无疑在社会化大生产的背景下更有利于维护社会经济的稳定和社会整体利益的保障。

　　从经济规模的增大和交易效率的提高来看，随之而来的无疑是风险的增大。为鼓励和促使经济主体负责任的冒险和充分参与到经济竞争中，必然需要避免因经营失败而导致的过于悲惨的后果，这种鼓励可视为一种"拯救文化"。而这种理念尤其适用于公司，人们通常认为它意味着相对于分散卖出公司资产而言，更好的选择是应当尽力让公司继续经营。拯救文化有利于整个社会的进步，因为它往往有利于每个主体，尤其是雇员，包括应当继续生存的企业；它还常常有利于债权人，因为清算程序很可能减少企业资产的价值，而在企业正常运营一段时间后，债权人往往会获得更好的回报（费奥娜·托米，2010）。从制度层面看，与破产和解相比较，破产和解成功仅仅是债务清偿的成功，而破产重整并不局限于债务清偿，更具有债务人重生的意义。在破产重整程序诞生前，

---

　　① See Kevin J. Delaney. *Strategic Bankruptcy*. University of California Press，1992：22，24-27.

破产法中清算程序的核心一直是在债权人和债务人身上，而破产重整程序则在各方利益主体的平衡和保护上更进了一步。由于破产重整过程中介入了各方利益主体，因此其最终结果必然是反映各方利益的意志。这体现出破产法立法价值的取向由兼顾债权人和债务人利益，转向包含着更多利益主体的社会整体利益保护。

二、传统破产重整计划制度的基本原则

破产重整程序的诞生和发展与破产法立法价值的变迁密切相关，其不可避免会带上破产法立法价值变迁的烙印。而作为破产重整程序关键环节，破产重整计划制度一方面在立法价值层面无法独立存在于破产法立法价值变迁之外，另一方面在实务层面，其作为破产重整程序的核心，又需要集中体现破产重整程序的价值目标和实践要求。因此，破产重整计划制度的基本原则必然是结合破产重整程序的实践需要，在保护社会整体利益立法价值的指引下而形成的。

对于破产重整制度的基本原则，我国有研究者将其归纳为三项，即社会利益优先原则、当事人自治与法院相结合原则和利害关系人损失分担及共同参与原则。其中社会利益优先原则下又包含了重整对象特定化原则、公司维持原则、免责原则、重整程序优先原则、债权人利益受限原则、重整效率原则；当事人自治与法院相结合原则下则包含当事人申请原则、协议和解及强制性约束原则和积极干预原则；而利害关系人损失分担及共同参与原则又包括了公平补偿原则、绝对优先原则（肖金泉和刘红林，2007）。在更早的研究中，另有学者则认为，我国公司重整法律制度的基本原则应该为预防为主原则、当事人自治与政府公力干预相结合原则、公正合理原则、责任免除原则（梁伟，1999）。从实践中来看，传统的破产重整程序一般包括几个要素：首先，就其适用的对象而言，都是符合一定条件的处于财务（经营）困境的经济主体（如公司）。其次，破产重整是由一系列的程序组成，其目的除了债权债务法律关系上的清理外，更重要的是重整对象经营上的整顿和重启。再次，和破产和解不同的是，参与到破产重整过程中的利益主体除了债权人和债务人外，还有其他利益相关人。最后，在破产重整过程中，司法权力一定程度上以积极的方式，通过批准、裁定等手段参与到重整中来。

结合上述破产重整程序的原则及实践要素，针对破产重整计划的基本原则，笔者认为：能够称之为一项基本原则，在效力层面其应当可以贯穿整个制度，否则只能称之为具体规范或者是项下某些子系统的原则。同时，"法律原

则并不是一种—— 一般性案件事实可以涵摄其下的，同样——非常一般的规则。毋宁其无例外地必须被具体化。然而，于此须区分不同的具体化阶段。最高层的原则根本上不区分构成要件及法律效果，其毋宁只是作为进一步具体化工作指标的——'一般法律思想'。"[①] 因此，对破产重整计划的基本原则，其效力应当贯穿破产重整计划的制定、表决、批准及执行的全过程。

同时对于破产重整计划制度而言，作为整个破产重整法律程序的一部分，由于其诞生的时代正是破产法立法价值由"兼顾保护债权人及债务人利益"向"保护社会整体利益"的发展趋势中，因此破产重整计划制度的"一般法律思想"，或者说"最高层的原则"无疑应该是和破产法在这一时期的立法价值相吻合的，即可以描述为"社会整体利益保护原则"。该最高原则不仅在效力上贯穿着破产重整计划制度始终，更重要的是在很大程度上还引导着破产重整计划制度的构建和将来的完善。但这种"最高原则"还离具体的法律规范有太远的距离，"区分构成要件及法效果的第一步，同时也是构建规则的开始则是：相同案件事实在法律上应予以相同处置的命令以及各种不同方向的信赖原则（例如负担性法律溯及既往之禁止以及——作为私法中'信赖责任'的基础之一在所有法律上的特别关系均应循行'诚信'的要求），即使是此等'下位原则'。"[②] 因此在破产重整计划制度的原则体系中，在"社会整体利益保护原则"之下，还需要有指导制度具体规范运行的更加具体的"下位原则"。结合破产重整程序运行的基本要素，以及"社会整体利益保护原则"的基本内涵精神，破产重整计划制度的运行尚需遵行下述具体原则：

（一）利益平衡原则

如果从部门法的角度出发，商法无疑是法律中最典型的调节和规范利益及利益追求行为的部门法。有学者指出，商事主体从事商事活动，其直接和主要的目的就在于营利，这是为各国商法所确认的一项基本原则。从这一意义上也可以说商法就是"营利法"，或者说，商法是保护正当营利性活动的法律。营利是商人据以从事经营活动的终极目的，是商人的根本价值追求，是商法调整的市场经济的价值基础（赵万一，2002）。对此，破产法作为商法体系中的一环，无疑也是服务于这种营利目的和利益追求的。只是作为一种商事救济制度，其不一定是直接通过积极的手段来促使营利的增长，但其减少债务的损失，重新分配资源的作用，在一定程度上也是商事主体"营利"追求的表现。

---

①② ［德］拉伦茨.法学方法论［M］.陈爱娥译，台北：五南图书出版公司，1996：348.

如果说，在社会生产力尚未发展到一定程度的时候，利益主体间的相互竞争和依赖还比较单一，那么当破产法发展到第三个阶段，即"社会整体利益的重视与保护时期"，社会经济规模及效率的发展已经使破产法所面临的利益主体不再局限于债务人和债权人了。对于破产重整计划而言，由于其内容不再局限于债务清偿的单一目的，其涉及的主体除了传统的债务人、债权人外，还包括了诸如股东、董事、雇员、消费者、政府机构及相关业务关联者（如上下游客户）等。

对此，有学者指出，破产重整离不开对债权人利益的保护。保护债权人的利益才能得到债权人的协助，重整的目的才能实现，同时重整成功无疑也更有利于保护债权人的利益。与破产清算相比，重整制度更有利于保护债权人的利益，是债权人利益保护的新途径。[①]毫无疑问，在破产法立法价值的历史变迁中，无论在哪个阶段，法律都没有放弃过对债权人的保护。因此对于重整制度而言，其保护社会整体利益的同时，并不意味着肯定要损害债权人的利益。只是在进入破产重整程序后，由于参与主体的多样化和广泛性，在司法实践中若仅仅只强调或者倾向于保护某一类主体的利益，无疑会加大重整成功的难度。如果重整失败而进入破产清算程序，或许利益的损失会更大。因此，在破产重整计划的制定、表决、批准乃至执行过程中强调利益平衡原则，并不和债权人利益的保护相矛盾。

（二）私法自治下的公权力干预原则

一般认为，将法律区分为私法和公法可以追溯至罗马法时期。在查士丁尼的《法学总论》中，其第一卷第一篇中就规定：罗马法包括公法和私法。[②]根据查士丁尼时期的《学说汇编》记载，当时的法学家乌尔比安指出：公法是关于罗马国家的规定，私法是关于个人利益的规定。[③]在私法是个人利益规定的基础上，既然是个人利益就自然应当交由个人来处置。这种自治思想在初期最典型的表现是契约自治。《法国民法典》第 1101 条以下规定了契约之债，原则上将契约承认为"一人或数人对另一人或另数人，承担给付某物、作或不作谋事的义务的合意"。这样将契约界定为一种合意，实际宣示了契约自由。[④]这

---

① 参见汪世虎.公司重整中的债权人利益保护研究［M］.北京：中国检察出版社，2006。笔者认为就重整程序中债权人利益保护的研究，该书是目前最具代表性的著作。

② 刘全德.西方法律思想史［M］.北京：中国政法大学出版社，1997：32.

③ 江平，米健.罗马法基础［M］.北京：中国政法大学出版社，1991：9.

④ 龙卫球.民法总论［M］.北京：中国法制出版社，2002：53.

种原则实际上赋予了当事人一种自由，一种通过自己的意志和在这种意志支配下的行使处分自己财产或权利的自由。而将这种原则扩大到整个私法体系之下，就演变成为私法自治原则。

　　作为私法体系的一部分，商法中自然也贯彻着私法自治原则，但有学者同时指出商法具有较强的技术性。由于商法规范为市场经济主体的营利性活动提供了具体的规则，而这些具体规范又是对市场经济活动及其实践方式的直接表现，由此决定了商法规范必然具有很强的操作性、技术性（赵万一，2002）。这种规范上的技术性，无论是出于交易安全还是商事活动效率的要求，都需要一定程度上限制当事人自治的空间和程度。所以，强制性是商法的一个主要特征。所谓"私法公法化"，主要也针对商法（曹兴权，2004）。对于商法体系下的破产法而言，随着破产重整程序的出发和发展，由于涉及利益主体的众多，其强制性的特点已更显突出。有学者将破产制度历史上出现过的运作机制分为三类，即私人自治、商人共同体自治和强制自治。其中，古罗马的财产委付、财产逼买和财产零售制度属于私人自治模式；而中世纪地中海商人创立的商人破产制度属于商人共同自治；至于目前各国实施的破产制度都属于强制执行模式，其体现在破产程序优于个别执行程序，不仅是债务执行程序，还包含了一定量的裁判程序，除清算程序外还包括和解和重整再建程序等各方面（丁文联，2008）。

　　因此，作为重整程序中的破产重整计划制度而言，至少在目前的发展阶段，我们不能否认它的私法属性。在破产重整计划的制定和表决过程中也包含着大量的当事人自治的因素。但由于商法所固有的技术性，以及破产法立法发展到现阶段对社会整体利益保护的要求，自治之下的破产重整计划在其各个环节对公权力干预都有着制度性的需求。所以，私法自治下的公权力干预原则应当是破产重整计划制度的原则之一。

（三）恢复债务人经营能力原则

　　该原则和破产重整程序的价值目标密切相关。在破产法律体系中出现重整程序以前，无论是破产清算程序还是破产和解程序，其最终的着眼点都局限于债务的清偿。而除了债务的清偿外，两项程序均未涉及其他方面的措施，唯一的区别在于能否保留债务人的主体资格。在破产重整程序中，债务清偿也是其内容之一，但基于保护社会整体利益的基本价值理念和在"营运价值"的经济利益驱动下，恢复债务人的正常经营能力才是该程序所追求的最终结果。

　　因此，作为破产重整程序的核心，破产重整计划的内容中除了债务的减免和清偿外，一般还包含解决债务人融资问题等措施。因此从某种程度上看，破产重整计划的商业计划色彩远远大于其法律文件的性质，而这种计划的商业性和经营性正是破产重整计划制度中恢复债务人经营能力原则的体现。当然除了法律强制要求包含的要件式内容外，对于恢复债务人经营的各种措施，法律并未统一做强制性规定。由于实践中债务人面临的经营或财务困境各有不同，因此法律也不可能就破产重整计划如何恢复债务人经营能力做出规定。从这个意义上讲，破产重整计划的个性要远远大于共性，这也是在实践中为追求恢复债务人经营能力的目标所致。

除在计划内容上的体现外，恢复债务人经营能力原则的内涵还应当包括对破产重整计划可行性的要求。所谓破产重整计划的可行性，不仅指计划内容中相关重整措施不违反法律的规定，还意指计划内容所涉及的重整措施在商业和经营上的可行性。无论是债务的减免，还是新资金的寻求，其在破产重整中的目的不仅仅是减轻债务人的财务困境。破产重整计划中的任何措施都应当是围绕重整债务人来展开，而这种措施除了最基础的合法性要求外，更多的应当是一种商业经营手段。所以，对破产重整计划可行性的判断，还应包括商业经营意义上的可行性判断。而这里所谓的"可行"的理解，也不只能是局限于是否在破产重整计划的执行阶段得以实际的执行，而应当还包括最终效果上的理解，即计划内容的执行能否实现恢复债务人经营能力的目的。

第二节　我国上市公司对破产重整的特殊需求

前文在分析破产法立法价值变迁的基础上，对传统破产重整计划制度的原则做了思考与探讨。作为破产法律体系中的一项重要制度设计，其价值体系的演变也会受到破产法立法价值及制度构建选择的影响。对于这一问题，有学者指出，"在立法理念和立法指导思想上，我们长期把破产法作为一个政策工具，而没有把它作为一个市场经济内生的科学制度。"[①] 而就目前破产重整在我国的实践现状而言，从时间上看实践的期间有限，但从已经出现的案例看多为上市公司的破产重整。这种现象的出现或许有多方面的原因，但任何制度的发展以

① 赵万一 . 我国市场要素型破产法的立法目标及其制度构造 [J]. 浙江工商大学学报 . 2018（6）：30.

及实践都无法脱离制度所处的社会环境，因此自新《破产法》在我国确立破产重整程序后所产生的这种上市公司破产重整热潮，必然与我国的社会经济环境有着深层次的内在联系。而这种对破产重整程序需求上的特殊性，会在一定程度上影响到破产重整计划制度的构建。因此，无论是在理论上对我国上市公司重整计划的理念进行梳理，还是针对实践需要对其制度进行完善，都首先有必要针对我国上市公司对破产重整的特殊需求进行思考、分析。

一、我国公司上市制度的发展与特征

（一）历史回顾

在经济规模日益扩大的现代社会中，资本市场已经成为了市场经济国家配置资源的有效手段。但就公司的融资渠道而言，当证券市场诞生之后，为公司提供了一种更有效率的直接融资方式。公司通过发行股票的形式，积聚社会各方面有着投资欲望的资金，这一方面使公司的经济规模变得更加庞大，股东人数增多，股份在一定程度上日益分散。另一方面由这种直接融资形式所产生的市场，即证券市场，成为了资本市场的最核心组成部分，而一国的资本市场发展程度在很大程度上往往也由证券市场决定。由于证券市场在市场经济中对公司融资的巨大作用，因此世界上几乎所有经济发展到一定程度的国家都发展出了自己的证券市场。

现代证券市场的发展必然和现代公司制度的建立和完善结合在一起。从本质上看金融制度的作用，应该是将资金配置给那些能够创造价值的市场经济主体，在证券市场中自然就是上市公司。对于中国而言，当社会经济走向了由计划经济向社会主义市场经济的转型之路时，就意味着传统的极富行政管理色彩的"公司治理"手段必然会因经济和市场规律的转变，而逐步向富有现代经济管理色彩的公司模式转变。因为至少在制度层面现代的公司治理模式构建起来，并且随着私人资本的进入，公司发展到一定程度后才会产生一定程度的融资需要。

改革开放以来，随着社会经济的转型，我国企业（公司）的运作管理机制历经了三个主要阶段，即首先是改革开放以前至1983年，该时期建立的是以计划经济为唯一模式的社会经济制度。对于企业而言，其全部财产所有权归政府所有，同时行政权力控制着企业的生产经营。对于企业的管理和生产而言，只需要完成政府下达的计划指标，并且企业所需的一切资源都由政府统一配置。在这种社会经济背景下，企业不存在所谓现代公司治理模式，也不可能产生融资的需要和冲动。其次，随着1984年党的十二届三中全会通过《中共中央关于经济体制改革的决定》，就我国企业的改革而言，进入了以"两权分离"为主要手段的改革阶段。该阶段提出了将企业所有权与经营权相分离的运作模式，在实际操作上多采用承包制、租赁制等形式。这一阶段的企业改革应该说多集中在企业的经营层面，尚没有真正涉及现代公司治理模式的构建问题。最后，1992 年国务院颁布了《全民所有制工业企业转换经营机制条例》，制定落实了企业 14 项经营自主权。而 1993 年党的十四届三中全会通过的《中共中央关于建立社会主义市场经济若干问题的规定》中提出，国有企业的改革目标是"产权清晰、权责明确、政齐分开、管理科学"的现代企业制度，此时国有企业改革实际上已经触及了治理模式的层面。次年，我国第一部公司法颁布，这在法律层面上使公司制成为了我国企业的主要运作模式，而公司法确立公司治理模式也成为了国有企业或私人公司运行和管理的法律基础。此后，我国企业的发展逐步向现代公司制度靠拢，不仅在公司资本的来源上混合了国有资本、集体资本和非公有制资本，而且在公司治理模式上也具备了现代公司治理模式的制度性特征。

在社会经济转型背景下，我国企业向现代公司制度的发展和转变过程中，随着公司制度的普及和资本来源的多元化，按照市场规律运行的公司，无论是国有资本或者是非公有制资本都有着追逐利润的冲动。而在市场经济环境下，公司发展到一定程度时，仅仅依靠其原有的股东或许将很难满足公司资金需求，因此必然会产生对各种融资途径的需求，特别是直接融资途径。从我国在这一时期证券市场的发展也可以印证这一点，而与我国企业改革相似的是，证券市场的发展或者说公司上市监管制度的诞生和发展，也经历了一个与政府权力剥离的过程。

从我国证券市场发展的历史进程来看，1984~1988 年，我国对证券市场的主管部门是各地的地方人民银行，其采取一种实验的态度，对公司股票发行在程序上采用了审批制。在 1989~1992 年，主管部门变成了人民银行，监管模式仍然是审批制。期间，上海证券交易所于 1990 年 11 月 26 日正式成立，同年 12 月 1 日深圳证券交易所试开业，这两大证券交易所至今仍是中国证券市场的代表性符号之一。在 1992 年 5 月 21 日当日取消部分个股涨跌价格限制后，不到 5 个月的时间内即同年的 10 月 12 日，中国证监会正式成立。自始，中国证券市场的主管部门就由人民银行转变为了证监会，但此时的监管模式仍然是审批制，并且采取了划分规模、控制额度的手段，这使政府牢牢地控制了企业的股票发行。

值得注意的是，几乎同时，国有企业的改革开始触及公司治理的层面。在这种治理模式的转变下，加之国有企业经济效益欠佳的历史遗留问题，证券市场上这种政府强有力的控制模式有足够理由让人们怀疑其目的在于解决国有企业的融资问题，从而改善国有企业的经济效益。对此有学者指出，股市刚刚成立时的功能定位是为国有企业治理机制的改革创造条件，当时认为国有企业是国家所有，所有权太集中，政企不分，治理结构有问题。因此通过股市引进非国家股东，或是在国家股东中形成不同利益的股东，通过股份制改善国有企业的治理结构。而几年后，我国的股市又增加了一项同样是在正常情况下无法提供的功能，即为国有企业的脱困提供资金（杨光斌，2005）。

　　不论上述论断是否正确，从客观上讲，自 1992 年我国开始着手建立全国性证券市场后，政府对证券市场的管制主要就是通过审批制和额度制两种手段。而至 1998 年，原国务院证券委员会撤销，其职能并入证监会后，这一时期新股发行（或者说公司上市）的预审程序为：证监会按照"总量控制，限定家数"的管理办法下达股票发行家数的指标；地方政府或国务院相关部门在证监会下达的股票发行家数内，推荐提出申请发行股票的企业作为预选企业；证监会受理预选材料；征求原计委和国家经贸委，分别就基建和技改项目的可行性、相关批文的合理性，以及是否符合国家产业政策的意见；证监会预选审核。对符合条件的企业，同意其上报发行股票正式材料。这一预审过程可以很直观地感受到，介入这一程序的国家公权力机关众多，几乎每一个环节都有公权力的把控，公司上市的路程几乎就是一系列的行政审批过程。在 1996 年，当证监会要求新股发行采取"总量控制，限报家数"管理办法的同时，还特别指出要优先考虑国家确定的 1000 家特别是其中的 300 家重点企业集团。虽然在 2001 年 3 月 17 日，证监会宣布企业股票的发行改审批制为核准制，由发审委投票表决其是否具有发行证券的资格。然而在实践中，公司上市过程中，仍然需要中央或者地方政府企业主管部门出具许多资格认证以及批文等。因此尽管批准方式有所转变，但在公司上市过程中政府介入程度并不一定有所减弱，[①]而这其中占据优势的仍然是国有企业。这从我国上市公司股权结构中可见一斑，在改为核准制后的两年，即 2003 年我国上市公司总股本中的国家股比例仍然高达 47.39%，这个数字较 1992 年的 41.38% 还有所增加（陈信元和朱红军，2007）。

　　从上述对我国证券市场及其伴随的公司上市的发展回顾中可以发现，在市场经济条件下诞生的证券市场的本质原是为企业提供一种融资的渠道或手段，然而对于我国的上市公司而言，由于其诞生于社会经济转型的大背景之下，更

---

① 这其中最明显的体现便是近年来部分地方政府成立的各类上市办公室。

重要的是由于这场改革是自上而下进行的，其中不可避免的有公权力的强力介入，所以在我国公司上市制度很大程度是在政府强制力推动下产生和发展的。尽管我们不能否认这其中或许有企业所产生的融资需求，但最终公司上市制度的发展在特殊的国情之下却不可避免地走上了一条带有浓厚政治色彩的道路。这样，原本是市场经济环境下的一种企业自发的内在的融资需求，也就随着公权力的过度介入和扩张成为了一种政府治理下的经济活动。可以预期的是，虽然审批制已向核准制转变，但由于政府对融资市场的强有力的干预和管制，许多试图上市的公司必然会有一种迎合政府偏好的冲动，这样所产生的结果难免会和市场经济活动的实际需要背道而驰。

（二）特征分析

如果说前述分析的公权力在公司上市过程中的管制作用是我国公司上市发展的一个显著的特点，那么这种特殊的证券市场准入制度必然会造成一系列的连锁反应。对此有研究者尖锐地指出，货币资源配置手段主要是通过资本市场来实现，而资本市场中最主要的就是证券市场，由于我国证券市场发育还不完全，在证券市场上还难以实现货币资源的优化配置，合理的上市制度强化了股市"壳资源"的稀缺性，而缺乏破产清算的淘汰机制又助长证券市场的寻租行为，证券市场成了过度放牧的公共地（龚伟，2012）。

首先，这种准入制度使企业上市的成本大大增加。虽然现在公司上市的难度在行政层面已有所降低，IPO市场已逐步发展，但公司上市成功仍然要经历诸多程序，特别是证监会在其中所起的作用仍然是决定性。因此与纯粹的私人企业相比较，有着国有资本背景的公司在上市过程中，至少在同等条件下具有更大的竞争力和更高的上市成功率。这一方面在于国有企业的低效率问题仍没有解决，在资本运营的层面通过股市为国有企业融资的必要性仍然存在。另一方面，在市场经济环境下，任何利益主体都有利用自身资源获取利益最大化的倾向，当涉及国有资产的经营和增值时，被授权管理国有资产的部门同样有着追求经济利益的驱动。当然这显著的区别在于其拥有其他私营经济实体所不能拥有的公权力，同时与其他政府权力部门还有着千丝万缕的利益关系。这种天然的身份资源必然会为其带来经济竞争上的优势地位，特别是在公权力仍然具有相当影响力的公司上市过程中则会表现得更为明显。而在相当一部分公司上市之初，政府就有着经济或者其他利益牵扯的情况下，必然无法避免政府在此后干预上市公司的其他经营活动。

其次，由于公司上市的过程中介入了相当程度的行政权力色彩，在这过程中就已经包含了政府公权力的利益要素。这种利益要素不仅局限在国有资本的投入上，更多的可能会是一种政治利益。在这种利益关系背景下，公司上市后退市机制的运作就不可避免的如同公司上市一般，无法避免政府公权力的干预。就典型的上市制度而言，与准入制度相配套的必然是退市制度。由于我国公司上市的上述特殊性，也影响到了退市制度在我国的构建。按照一般的理解，为保护社会公众投资者的利益，当上市公司的经营状况出现一定程度的恶化时，就应当启动退市程序。而由于我国的特殊制度背景，证监会 1998 年颁布的《关于上市状况异常期间的股票特别处理方式的通知》，创制出了中国所特有的 ST 制度（Special Treatment），由交易所对连续出现两年亏损的上市公司股票交易实行特别处理，随后颁布的《股票暂停上市相关事项的处理规则》则又推出了特别转让制度（PT，Particular Transfer）。而真正意义上退市机制的出台标志，是 2001 年证监会颁布的《亏损上市公司暂停上市和终止上市实施办法》。但截至目前，已经退市的 109 家上市公司中，因连续亏损而退市的公司仅有 52 户，占比尚未过半。[①] 因此，由于此前的 ST 和 PT 制度存在，在该办法颁布前，我国的证券市场中就已经存在了大量的该退市而又没有退市的上市公司。

　　最后，这种特殊的准入制度和公司上市实践环境所导致的第三个结果就是上市公司"壳资源"的稀缺性，即上市公司作为一种证券市场上的主体资格，该资格如同公司的无形资产一样，本身就具有了相当程度的价值。由于在我国对证券市场的准入长期采用了审批制和额度制这两种手段进行控制，使得本来仅仅是一种融资手段的上市，逐渐演变成为一种各方竞争的资格筛选。同时，上市公司退市机制的不完善又进一步强化了上市公司这种"资质"的稳定性，并且在一定程度上增加了其价值。这样就会产生一种特殊的局面，即公司上市的功能本来仅仅局限在融资层面上，上市制度本身并不能一定提升公司的营利能力，或者必然能带来公司利润的增长，这就意味着当公司经营能力出现问题时，上市公司这种"资格"并不能改善公司的经营或财务困境。同时，与公司其他无形资产所不同的，这种"资质"的价值又不受上市公司自身经营情况的影响。或许最终的"壳"价值与承载这个"壳"的实体有密切联系，但"壳"所包含的"资质"却是在一定程度上带有行政许可色彩的、进入到证券市场的"入场券"。这样即使上市公司已经达到资不抵债的程度，或者已经出现明显的经营困境，但其上市的资质仍然对那些寻求上市的经济主体具有价值，且该价值不会因其经营问题而受到影响。因此，上市公司的"壳资源"的稀缺性以

---

① 参见《中国证券期货统计年鉴 2018》（光盘版）。

及其"壳"价值的独立性是我国上市公司的又一特点。

二、我国上市公司对破产重整的制度性需求

在相当长的一段时期内，由于我国缺乏完善的上市公司退市制度，市场本身的自我调节机制无法充分地发挥作用。但无论是否有着一个完善的退市机制存在，上市公司所面临的经营风险是客观存在的。因此，上市公司一方面作为证券市场上最重要的主体，从保护社会公众利益的角度出发，应当受到各种法律规范的规制，同时另一方面其作为市场经济的主体又面临着经营上的风险。所以上市公司较其他非上市公司，除多了一种融资渠道外，在市场竞争中面临的风险是一致的。也就是说，当面临各种风险时，一旦出现经营上的失败或财务上的困境，无论上市公司或非上市公司都可能达到法律上规定的破产（或重整）界限。

就上市公司而言，从程度上讲，达到了破产（或重整）的界限时，肯定已经符合了退市的条件。从理论上看，上市公司的退市并不等同于破产。退市仅仅是公司不能再在证券市场通过公开发行股票进行融资，而破产清算则是公司主体资格的消亡。从相关法律法规的规定来看，上市公司退市的基本界限是"连续三年亏损"，这并不一定意味着就符合破产（或重整）的条件。若存在一个完善并能有效发挥作用的退市机制，在理想状况下，当上市公司发生经营困难或财务困境，在尚未达到破产（或重整）的严重状态时，就应当已经可以启动退市程序了，这样才能有效地保护社会公众的利益。

从上述分析看，由于上市公司退市与破产重整属于不同的法律制度，出现经营或财务问题的上市公司并不一定就符合破产重整的条件。而对一个有着完善退市机制的证券市场而言，对该类处于困境中的上市公司也不一定要适用破产重整程序才能解决问题，同时该类上市公司也不一定有寻求重整的动机。但这种单纯的理论上的分析，并不能全面反映我国上市公司在特殊社会历史背景下的制度性需求。结合我国上市公司和证券市场的历史发展和现状，我国现阶段处于困境中的上市公司对破产重整需求的表现及原因主要体现在以下几个方面：

首先，由于我国证券市场在相当长一段时间内缺乏完善、有效的上市公司退市机制，而使得在我国的证券市场上存在大量的 ST 和 PT 上市公司。虽然现有的退市机制在一定程度上已有所发展，如 2007 年初，深圳证券交易所为了完善优胜劣汰机制，提高中小企业板上市质量，特别制定了《中小企业板股票暂停上市、终止上市特别规定》，但在实践中，虽然证券市场上存在大量的

困境上市公司，但退市的上市公司却依然稀少。而这其中又包含有大量的"准破产上市公司"①，根据有研究者的统计，在新《破产法》颁布生效前，2006 年我国证券市场上资不抵债且经营现金流小于流动负债的公司有 60 家，资不抵债公司有 66 家，而流动比率小于 0.8②的公司达 392 家。同时在 2001~2006 年期间，每一年上述三种类别的公司都在增加，而这些公司基本上都有"明显丧失清偿能力可能"这一特点（杨秋波，2008）。因此，由于市场经济中所固有的经营风险，以及我国证券市场发展过程中特有的背景，目前的证券市场上存在着大量的可能符合启动破产程序的上市公司。这也就意味着，在我国的证券市场上，目前有较多的可能适用破产重整的潜在对象。

　　其次，如前文已经分析的，我国的上市公司在上市的过程中就已经有政府公权力利益的介入。这一方面体现在国有资本的参与上或区域经济利益上（如地区的 GDP 或就业），另一方面则体现为政治上的利益（如管辖区域里上市公司的数量和质量往往是经济政绩的一个很重要的方面）。这样当上市公司陷入困境，已经戴上 ST 或 PT 的帽子，甚至成为"准破产上市公司"后，政府出于自身利益的考虑也不会轻言退市。③就"准破产上市公司"而言，要解决所面临的困境，若选择完全自治的方式，无外乎私下重组和预包装破产重组；若选择司法程序，则有破产重整、破产和解与破产清算三种方式。由于上市公司涉及的利益主体众多，私法下的完全自治模式无论在成功率上还是效率上未必能达到良好的效果。而一旦启动司法程序，破产和解因仅仅能解决债务人和债权人间的债务清偿关系，并且陷入困境的上市公司并不是解决债务问题就能恢

---

　　①　有研究者指出"准破产上市公司"是指达到了启动破产程序法定条件的上市公司，这主要从上市公司的偿债能力方面来定义的。而 ST 和 PT 公司主要是从盈利的角度来定义。在实践中很多 ST 和 PT 公司早已符合启动破产程序的条件，而很多"准破产上市公司"本身也早戴上了 ST 或 PT 的帽子，因此两者有交叉、重复的情况。参见杨秋波.上市公司破产选择行为及其效应研究［M］.成都：西南财经大学出版社，2008：43-44.

　　②　有研究者根据我国上市公司流动比率样本的分布特征，认为当流动比率持续两年小于 1 时，公司发生财务困境，当流动比率小于 0.8 时，公司财务状况剧烈变化，资不抵债，发生财务破产。参见吕长江，徐丽莉，周琳.上市公司财务困境与财务破产比较研究［J］.经济研究，2004（8）.

　　③　这种不轻言退市的表现，一方面体现在我国证券市场上迟迟不能完善并得到严格贯彻的退市机制上，另一方面也体现在上市公司通过各种手段，规避本来就不完善的退市机制，如现行《上市规则》第 14.2.18 条规定："本所要求提供补充材料的，应当在本所规定期限内提供有关材料。补充材料期间不计入本所作出有关决定的期限内"。但是否每家公司暂停上市都可获得补充材料的时间、补充材料的时间长短等一系列问题均无明文规定。这样许多上市公司在被戴上 ST 或 PT 帽子后，就通过"补充材料"手段来拖延时间，以避免退市。

复正常经营能力的，所以破产和解往往不能彻底解决上市公司所面临的困境。对于破产清算而言，我国的上市公司尚不愿轻易退市，更何况消灭其主体资格。多方比较，破产重整无论从解决问题的程度上，还是保有上市公司"资格"上，都较其他方式更为有利。同时作为一种正式的司法程序，在重整过程中，各方面的公权力也更易体现自己的利益需求。因此，当陷入困境的上市公司（ST或 PT 公司，甚至"准破产上市公司"）寻求解决困境的途径时，破产重整程序无疑可能是其首选之道。

最后，除了退市问题上的制度缺失和政府原因外，单纯从经济利益的角度出发，由于我国证券市场的特殊历史发展背景和现状，使公司的上市由一种融资手段，演变成为了一种稀缺的资质，而上市公司的"壳资源"也具有了资源的稀缺性和价值上的独立性。在市场经济环境下，任何稀缺的资源都会有被充分利用的趋势。同时"壳资源"价值在一定程度上的独立性，又使其很少受上市公司实际经营状况或财务状况的影响。虽然"准破产上市公司"的财务状况和经营状况已经处于一种相当不理想的状态，但其上市公司的资质依然在我国证券市场上具有相当的价值，同时这种资质上的价值又并不能转变为上市公司的经营能力或者直接改善其财务状况。这样一方面由于经营和财务问题，该类上市公司已经处于持续的困境中，并且有退市的可能。另一方面，对于具有价值的"壳资源"，其又无法得到有效的利用，而一旦其退市或者被破产清算，则会永远失去"壳资源"的价值。在这种情况下，由于在市场经济环境下，稀缺资源永远都有流向更能有效利用者的趋势和动机。因此，上市公司"壳资源"无疑对那些试图以更低成本进入证券市场的公司或资本持有者，有着相当的吸引力。获得上市公司的"壳资源"，就纯粹的商业手段而言，可通过场内交易或场外交易获取上市公司的控股权，再配以上市公司反向收购买壳方的资产，即买壳方将自己的有关业务和资产注入上市公司，就可完成对"壳资源"之下的实体替换，达到借壳上市的目的。而对于那些"准破产上市公司"而言，新《破产法》确立的重整制度又为其创造了一种比前述方式更便利，经济成本也或许更低的获得上市公司"壳资源"的途径。因此，在这种获取上市公司"壳资源"的利益驱动下，可以预期的是，证券市场上诸多的"准破产上市公司"都有着极大的可能选择适用破产重整程序。

综合上述三点论述，笔者认为，由于我国历史上缺乏完善的上市公司退市机制和市场本身经营风险的存在，目前的证券市场中堆积了大量的"准破产上市公司"或符合退市条件而没有退市的上市公司。同时因为严格和高成本的准入制度，以及政府公权力利益的存在，使上市公司"壳资源"具有了较高的价值，也使利益各方不会轻易让这种资质消灭。因此，在这几方面因素的综合作用下，破产重整程序在保存主体资格和恢复债务人正常经营能力方面有着制度上的优势，并且有着公权力介入的空间，处于困境的上市公司中必然会产生对破产重整程序强烈的制度性需求。这从我国 2006 年新《破产法》生效以来，掀起的一股上市公司破产重整浪潮中可以得到印证。而这种制度性需求，从其产生的原因来看，其目的又超出了传统破产重整程序的制度设计目标。因此，似乎可以推断的是，在不同的价值目标的驱动下，破产重整程序在我国的适用，特别是对上市公司的适用中，极有可能会产生具有"中国特色"的变化。

第三节　我国上市公司破产重整计划制度的理念分析

前文在回顾破产法立法价值变迁的基础上，探讨了传统破产重整计划制度的基本原则。对于上市公司的破产重整计划而言，其无疑也应当遵循上述基本原则。但无论理论上还是实践中，我们都不能否认上市公司与其他非上市公司的不同之处。由于上市公司涉及独特的公司治理以及相关证券市场监管的要求，因此在破产重整过程中也会遇到许多特殊问题。由于我国上市公司对破产重整的特殊需求，在实践过程中，其破产重整计划所体现出的理念也会受到这种特殊性需求的影响，而赋予传统破产重整计划各项原则以新的内涵，甚至产生理念的嬗变。

一、基本理念的嬗变

前文已经分析，由于破产重整程序诞生在破产法律制度立法价值由"兼顾债权人和债务人利益"转向"社会整体利益保护"的时期，因此对于破产重整程序中的核心制度而言，破产重整计划制度所遵循的基本原则也应当是保护社会整体利益。较其他非上市公司而言，上市公司在其经营存续期间一般涉及的利益主体较为广泛，一旦其被破产清算将会给其所在区域造成巨大的社会震荡，如失业的增加甚至是社区经济的衰退。而上市公司一旦破产重整成功，对避免上述情况的发生必然有着积极意义，因此上市公司的破产重整对社会整体利益的保护，在其本身对社会经济巨大影响的情况下，在实践中就表现得尤为突出。

作为企业破产重整的一种类型，上市公司破产重整的目的也应该在于恢复困境中上市公司的正常经营，避免其被破产清算，从而实现保护社会整体利益的立法价值。虽然从本质上看，破产重整程序均意在恢复债务人的经营能力，体现出的是一种以"拯救"为主导的社会思想意识，但就我国的上市公司而言，因为严格的公司上市标准，使公司的上市资格成为一种稀缺资源。对此在上市公司的破产重整过程中，"拯救"债务人（上市公司），恢复其正常经营能力，往往演变为"拯救"上市公司的"壳资源"。在存在第三方"借壳"上市的情况下，除传统的债务减免和清偿外，上市公司的破产重整计划会对公司股权的变更做重点规定，从而达到第三方"接壳"的目的。在这种情况下，债务人（上市公司）经营能力的恢复实际上是退市危险的解除。因此对于传统破产重整程序中的"拯救"债务人，在我国上市公司破产重整中往往演变为了通过第三方的"借壳"来实现一种财务数据上解困。相对应地，我国上市公司破产重整计划中关于恢复债务人经营能力的措施，往往会体现为公司股权的变更或公司股权结构的大幅度调整。伴随股权结构调整时第三方资金的注入，同时再结合对债务的清偿和减免，困境中的上市公司往往成为无负债、无资产的净壳公司，此时新的控股股东可以按照自己的意愿，对该上市公司的主营业务以及内部管理等方面进行改造。

除上述在"拯救"债务人方面的演变外，我国上市公司破产重整在保护社会整体利益的基本原则下，还演变出了独特的价值理念。由于上市公司在区域经济中的重要性，其除了在市场经济中担任相应的经济角色外，还在一定程度上带上了些许政治色彩。对于一家上市公司而言，其一旦被破产清算，除去可能带来的经济损失外，在我国不完善的社会失业保障下，大量的失业人员极有可能会对该区域的社会稳定造成消极影响。而因上市公司破产清算所引起的不可预料的各种连锁区域经济反应，比如税收减少、关联厂商的连锁破产等，这些都会对该区域政府的"政绩"造成不良影响。同时由于我国特殊的社会政治背景，政府对区域稳定非常重视，再加之我国司法机构与行政机关乃至党委系统的密切关系，上市公司破产重整虽然是典型的司法程序，但在这过程中不可避免地会带上政府维护区域稳定的色彩。这种以稳定为重要价值取向的理念，在传统的破产法甚至民商法中都不是一种法律价值观念，严格地讲，在破产重整程序中并不应当去遵循这样一种非法律理念。但由于前述原因的存在，维护区域的稳定成为了上市公司破产重整中所需要考虑的一个首要问题，也成为其破产重整计划制度中保护社会整体利益原则的一个最基本的表现。这无疑是我国上市破产重整计划的一个显著的理念嬗变。

二、具体理念的嬗变

在保护社会整体利益的基本原则下，前文提出传统的破产重整计划还应遵循三项具体原则，即利益平衡原则、私法自治下的公权力干预原则以及恢复债务人经营能力原则。就我国上市公司破产重整计划而言，其在任何一个环节都应当遵循上述三项基本原则。但同样由于我国上市公司对破产重整的特殊需求，在实践中对上述三项基本原则也会衍生出新的内涵和理念。

首先，对于利益平衡原则而言，由于破产重整程序并不单纯地进行债务的清偿，因此在破产重整的法律规范中，无法就各类利益主体的受偿顺序做出优劣的排序。无论是从保护社会整体利益的基本原则出发，还是从有利于推动破产重整程序的实践需要出发，破产重整计划都需要兼顾各方主体的利益需求，从而达到相互间的利益平衡。在上市公司的破产重整中，与普通非上市公司相比，上市公司涉及的利益主体较多，涉及的领域较广，因此对于上市公司的破产重整计划而言，其对利益平衡的实践需求更为明显。

从传统的破产重整计划中的利益平衡来看，其一般局限于破产重整程序中相关利益主体，即各类债权人、债务人、股东、雇员及利益相关者等。就普通非上市公司而言，其所涉及的利益主体也多局限于上述几类主体。但由于我国上市公司历史发展的原因，其股权结构中存在大量的国有股权，在主体间发生利益博弈时，政府也会作为一方利益主体参与其中。尽管从权利的性质来看，国有股东享有的权利仍然是属于私法权利的范畴，但政府等公权力机构的身份特殊性在实践中却是不可避免的现实。更为重要的是，上市公司的破产重整计划中相关措施可能涉及公司的股权调整以及通过证券市场进行融资，可能还涉及相关监管部门的审批问题。不同的公权力部门，由于其职责不一致，无论是在行政机关和司法机关之间，还是行政机关相互之间，在上市公司破产重整过程中都可能产生利益、职责或权力上的冲突。因此，在上市公司破产重整计划的制定、批准或执行阶段，除了考虑传统主体间的利益平衡问题外，还可能会涉及公权力机构间的利益和权力平衡，这方面无疑是上市公司破产重整计划中利益平衡原则所具有的独特内涵和理念。

其次，对于私法自治下的公权力干预原则而言，前文中所提及的公权力机构间的利益和权利平衡问题，其实已经从一个侧面体现出上市公司破产重整中公权力干预的特殊性。在传统的破产重整中，所谓公权力的干预实质上多指法院对破产重整进程的影响。落实到具体的程序环节而言，该原则最集中的体现则在破产重整计划的批准上。当破产重整计划表决通过后，其要产生法律上的强制力需要经过法院的审查批准。更为重要的是，当破产重整计划并未经所有表决组表决通过时，在符合一定条件的情况下，法院还有权强制批准未获表决通过的破产重整计划。而法院对破产重整计划的强制批准，正是破产重整程序与破产和解程序的重要区别之一。

在我国的上市公司破产重整中，法院对于破产重整计划的审查批准仍然集中地体现出破产重整程序中公权力干预的色彩。但与普通非上市公司破产重整所不同的是，在我国上市公司的破产重整中，公权力的干预程度及表现领域不仅仅局限在计划的批准中。由于上市公司破产重整有可能涉及国有股权的利益，以及上市公司在区域经济政治中的重要作用，政府等公权力机构在启动破产重整程序时就已经在影响或干预程序的进程。而在破产重整计划的制定过程中，政府等公权力机构更是会以各种身份积极参与其中，在很大程度上影响到了计划制定过程中各主体间的谈判协商，并对最终的利益平衡起到推动作用。因此，在上市公司的破产重整中，以政府为代表的公权力机构的干预行为贯穿着破产重整计划从制定到执行始终。而公权力机构这种积极的行为，使得传统破产重整计划的私法自治下公权力干预原则，在上市公司破产重整中有演变为公权力干预下私法自治的趋势。

最后，对于恢复债务人经营能力原则而言，前文已有部分提及，在我国上市公司的破产重整中，恢复债务人（上市公司）的经营能力往往演变为拯救上市公司的"壳资源"。而在现实中，对于困境中的上市公司，由于上市公司破产清算会引发极大的社会经济政治问题，因此至今我国尚未有一起上市公司破产清算案件。对于困境中的上市公司，一旦其有退市的危险，其稀缺的上市资格也会成为各方资本所关注和追逐的对象。在这种局面下，"上市公司不破产"成为了我国证券市场上一个不符合经济规律而目前又无法打破的现实现象。因此，当上市公司陷入困境进入破产重整程序时，由于在一定程度上没有破产清算的压力，加之其"壳资源"在资本市场上的吸引力，其重整的重点往往不会在如何恢复公司本身的经营能力上。这样一方面从某种程度上确实可以提高上市公司破产重整的成功率，因为毕竟股权结构的调整更具有确定性，但另一方面对于破产重整程序中恢复债务人经营能力而言，单纯地由第三方"借壳"上市不一定会在实质意义上改变上市公司的经营能力，其比较直接的效果，仅仅是在财务数据上改变上市公司的财务困境，从而为其避免退市创造条件。因此传统破产重整计划中的恢复债务人经营能力原则，在我国上市公司破产重整的实践中演变出了拯救上市公司"壳资源"的独特理念和价值追求。

本章小结

经过对破产法立法价值变迁的梳理，可以发现随着社会经济、文化的变迁，破产法立法价值发展至今，已经很明显地突破了债权人和债务人利益的传统范畴，而趋向于对社会整体利益的保护。这种变化体现在制度设计上便是破产重整程序的诞生与发展。作为程序的核心部分，传统的破产重整计划制度在拯救债务人乃至预防破产方面都有着其独特的积极作用，同时公权力在破产重整计划批准等方面所起到的作用，也是其区别于其他私法领域制度的一项典型特征。

就我国而言，当新《破产法》颁布生效后，在实务界掀起了一股上市公司破产重整的浪潮。这股浪潮在一定程度上反映出我国上市公司对破产重整的制度性需求，而这种需求又和我国在社会经济转型期间，证券市场和公司上市、退市机制的发展密切相关。缺乏有效的上市公司退市机制使我国上市公司中存在着大量的困境公司乃至"准破产上市公司"。对于该类公司而言，虽然退市机制不完善是其无法退市的原因，但更重要的是在我国证券市场上所特有的上市公司"壳资源"价值，使各方利益主体都不会轻易地选择退市。而破产重整程序的出现为这种保存"壳资源"的冲动找到了一条较为有利的途径，特别是其中的政府等公权力机构更是可以介入到破产重整计划的"私法自治"中，从而达到公权力利益的彰显。相比传统的破产重整计划制度的基本原则，我国上市公司破产重整计划的理念及价值取向，在这样的特殊实践背景下，不可避免地会发生某种程度的嬗变。这种嬗变改变了传统原则的某些内涵，赋予了我国上市公司破产重整计划制度新的理念内容，并且影响着我国上市公司破产重整计划各个环节的实践。

第二章
我国上市公司破产重整计划中的政府行为

"法律发展的重心不在于立法，不在于法律科学，也不在于司法判决，而在于社会本身。"① 虽然我国上市公司对破产重整程序有特殊的需求，但这并不能回答在新《破产法》颁布后，我国上市公司惊人的破产重整成功率。在破产重整程序保护社会整体利益的制度目标之下，上市公司作为大型的公众公司，其涉及的利益主体越多，冲突应该越激烈，而其破产重整计划无论是在制定还是在表决过程中，应越难达成多数一致的意思表示。因此，我国上市公司破产重整实践中所呈现的较高成功率的现象，必然与我国社会的某些特殊性相关，而这种特殊性不仅造成了目前我国上市公司破产重整所独有的实践现象，也将会在一定程度上影响着未来我国破产重整计划法律制度的发展。

第一章对我国上市公司的历史发展做了简单的回顾，在我的公司上市过程中，政府（公权力）行为的介入较为明显。由于上市公司是一种典型的公众公司，其在证券市场上的融资行为会涉及诸多投资者的利益，因此在公司的上市过程中以及上市后的经营活动中，政府及相关监管部门适当进行监督和管制是有必要的。但通过早期的审批制和额度制，我国政府对公司上市的介入已经远远超过了上述范畴。虽然后期有逐步向核准制进行转变，但政府对上市公司的融资活动乃至日常经营活动的干预并没有减少，特别是在上市公司的股权结构中，政府直接控制的国家股又占据了绝对优势。因此，无论是对国有股权所带来的经济利益还是政府对上市公司的管制而言，当上市公司进入破产重整程序后，政府等公权力机关必然会以一种利益主体的身份介入其中。由于破产重整本身作为一项法律制度有着自身明确的法律规范，这种政府行为当然不可能是随意无序的，除法律规定的约束外，在上市公司破产重整计划的制定到最终的执行过程中，政府行为也会受到政府利益倾向以及由此而产生的政策等因素的影响。

---

① ［美］埃尔曼．比较法律文化［M］．贺卫方，高鸿钧译．北京：三联书店，1990：9.

第一节　政府行为的现实基础及影响

一、历史追溯

　　就普遍的观点而言，我国在历史上是一个典型的农业经济国家。按照费孝通先生的描述，就是"从基层上看去，中国社会是乡土性的"。[①]农业的重要性还可以从历代政府及统治者的行为中看出来。为了使劳动更加顺利，从古代起政府就把制定相当于详细劳动时间表的年历的职责承担起来。此外，统治者还被期望使四季的宇宙性力量得到促进与和谐，以帮助人民。比如在立春的前一天，地方政府官员要象征性地赶一下耕牛，以宣告务农季节的到来，而在春季一个精心挑选的日子，皇帝要在百官的陪同下仪式性地进行亲耕，以为万民垂范（杨联陞，2007）。这种现象说明在中国的历史上，政府及统治者都将农业视为一种国家之根本。

　　与重视农业相对应的，另一普遍的观点认为是对商事活动的轻视，乃至对从事商业活动的主体——商人，所采取的一种身份的歧视。且不论历史上传统知识分子对商人的种种非议[②]，政府等公权力机构似乎也对从事商事活动的主体采取了压抑歧视的态度，采取一种重本（农业）抑末（商业）的政策。[③]因此，基于这种观点和对历史的认识，有国外学者认为中国之所以没有产生资本主义，是因为中国缺乏资本主义所需要的法律形式和社会学基础。比如中国缺乏西欧中世纪城市中新兴市民阶层所带来的各种机构，也没有理性的商业非人格化（马克斯·韦伯，1997）。对此也有学者认为中国重农轻商的传统，在法律上的体现就是"以历代典章，均偏于刑名"。[④]有研究者对此做了进一步的阐述，"由于缺乏法律的有效保护，中国商人传统上不得不依赖于宗族势力和

　　①　费孝通.乡土中国生育制度［M］.北京：北京大学出版社，1998：6.
　　②　如诗人白居易的《琵琶行》中就有"门前冷落鞍马稀，老大嫁作商人妇。商人重利轻别离，前月浮梁买茶去"，其不仅委婉地描述了商人重利轻义形象，更是体现出了当时商人的社会地位——当女子家道中落，又"年长色衰"，方"委身为贾人妇"。
　　③　如徐光启《农政全书》中就有描述：（洪武）十四年上加息重本抑末，下令农民之家许穿细纱绢布，商贾之家只许布衣；农民之家但有一人为商贾者，亦不许穿细纱。
　　④　梁宇贤.商事法论［M］.北京：中国人民大学出版社，2003：7.

会馆公所等行会组织的保护，而经营活动则全凭个人操守及道德观念的约束，这样，均不能获致普遍的效力，也无法与欧美现代资本主义国家的商人以民法和商法（包括公司法等）作根本保障相提并论。"①

综合上述典型的研究观点，一般认为由于历代政府重农轻商的政策导向，导致了中国社会中未出现如同西方社会那样的独立商人阶层，与之对应的在法律制度方面，则无法培育出现代意义上的商法体系。对此，笔者认为，历史的发展和进程都是具有多面性的，应该以一种立体的眼光来多角度审视这些历史的片段。对于我国的商事活动以及国家对于商业经济的态度和管制，可以从以下两个方面来观察：

首先，在不否认中国历代政府"重农抑商"政策的基础上，由于社会生产力的发展及社会群体生产生活的需要，这种政策导向并不能在现实层面否认商事活动的客观存在。商事活动的活跃程度可以从两个方面看出来，一是货币的使用和铸造。就中国使用金属货币的时间而言，其远远早于西方国家。从最初的海贝到各种形制的金属货币，至秦始皇时期在全国统一币制而创半两钱，再到唐代开创通宝钱，后到了明清时期，白银与铜质货币一同成了社会通行的货币。期间，宋朝出现世界最早的纸币"交子"，更是体现出当时商业活动的频繁和发达。国外学者在研究西欧中世纪相关问题时也指出：由于佛罗伦萨的金币佛罗林和威尼斯的金币杜卡特的发行，在13世纪重新出现了金硬币，这标志着欧洲经济的复兴；那么不容否认：在9世纪废弃金硬币则相反地证明了经济的极度衰落（亨利·皮雷纳，2006）。因此，货币的使用与商业经济的发展或繁荣程度有着直接联系。中国社会自春秋战国时代开始，大量使用各种形制的金属货币，由于对货币的大量需求显然不是单纯农业经济的特征，这可以从一侧面证实当时社会经济活动对货币的需求量。此外，"历史证明，商品的流通率愈高，货币制度愈是集中和简化"②，而自秦朝统一币值以来，历代中国大一统的政府都将铸币权收归中央，并且对货币铸造有着严格的标准。二是除货币外，体现商业经济发展的另一个特征就是商人日常经营活动的时间长短。如果说农业因为自然和农作物规律的因素，在工作时间上长久以来有着固定性，而商人的经营活动时间则与商业活动的程度有关。学者经研究后认为，在中国的历史上商人的时间表经历了实质性的变化，长期的历史趋势是商业活动增长，并且因此也使经营时间变长。按照曾经的惯例，在受政府监督的城市内市场中，

① 马敏书.商人精神的嬗变［M］.武汉：华中师范大学出版社，2001：21.
② ［比利时］亨利·皮雷纳.中世纪的城市［M］.陈国梁译.北京：商务印书馆，2006：26.

集市的时间要到正午才开始。如唐朝时，集市在中午以 200 下鼓声而告开张，在日落前七刻钟以 300 下铜锣声而告结束。而到 12 世纪时，大城市的商业活动从清早持续到深夜是很常见的，商人在时间和地点上都不再受限制。而到了清朝末年和民国早期，开始有了在春节期间保持许多店铺开业做生意的习惯，即"连市"（杨联陞，2007）。对于商人而言，商事活动的营利性决定了其经营活动的目的必然是追求利润。从这一点看，其日常经营时间的延长，自然是因为延长时间使其有利可图，而这有利可图的背后，必然是商业经济的发展与繁荣。

其次，在存在活跃的商业经济和商事活动的情况下，自秦朝建立大一统的政治局面以来，除个别分裂、战乱的时期外，历代政府都不可能对这种活跃的商业活动持一种放任消极的态度。对于西欧中世纪末期而言，由于其形成了独立的商人阶层，其在商业活动中演变出一整套实践做法，并形成了其独具商人文化色彩的裁判方式。而当时的西欧又缺乏一种统一的政权和近现代意义上的国家，因此商人的活动体现出强烈的自治色彩。而对于中国历史而言，由于长期存在着不同的中央集权政府，其在对商业活动的管制和介入上与西欧中世纪末期有着明显的不同。这种不同主要体现在两个方面：一是政府对商业活动的直接参与，这最明显的表现就是历史悠久的专卖制度，而这其中又以盐铁专卖最为典型。历史最早的盐铁专卖始于春秋时的齐国，战国时期商鞅在秦国变法也实行过食盐专卖，而至西汉初年曾一度将食盐专卖制度放松，但至汉武帝时期，因政府支出浩大，盐铁专卖再次收回政府，由政府派官吏去烧盐冶铁，其利息收入全部归政府，盐铁成为国营与官卖（钱穆，2005）。此后，后世政府将专卖的范围还扩及酒、茶等物。这种专卖制度，在某些时期有着巩固政权的考虑，但更多因素在于看中了经营这些生活生产必需物品所带来的巨大经济利益。所以专卖制度也可以说是中国历史上"官争民利"的一大特征。二是除了以专卖方式直接介入商业活动外，政府等公权力机构还以国家强制力作为后盾，以行政或法律手段对商事活动进行干预和管制。有学者指出，在中国虽然"经济的发展，在促使封建的中国社会产生对成文法的需要的过程中，起到一定作用。然而，当法律出现以后，它却既不维护传统的宗教价值，也不保护私有财产，它的基本任务是政治性的：对社会施以更加严格的政治控制。"[1] 这种观点至少从一个角度反映出政府对经济活动的管制，在一定程度上并非出于经济目的，政治利益往往被放在了首位，即很多时候政治利益被放置于首要地位，经

---

① ［美］D. 布迪，C. 莫里斯 . 中华帝国的法律［M］. 朱勇译 . 南京：江苏人民出版社，1995：6.

济管制则只是一种手段。^①在这种政治利益的驱使下，造成了对法律的一种工具性的认识，将法认为是"赏罚"，或者只是"刑罚"，这既指赏罚的手段，又指规定赏罚标准、程序（范忠信，2001）。因此，在这种价值理念之下，法律在很多情况下仅仅是符合政治利益需要的工具，其对商业经营的经济活动自然也是注重于一种自上而下的管制。

通过对上述两个方面的探讨可以发现，在我国历史上尽管有着长期的重农政策导向，但由于社会发展的规律性，政府不可能也无法完全压抑住商业的发展。而出于对经济利益的追求，政府还可能依托其背后的国家强制力直接参与到经济活动中与民争利。另外，自秦朝开始的中央集权政府的传统，使政治利益往往成为考虑的重点，对经济活动可能出于不同的政治需要而采取不同的管制措施。因此，在中国历史上政府和商业经营活动之间，我们很难观察到一种平等的服务关系，而贯穿始终的主线是一种管理与被管理关系。而"在中国绝大多数时间里，国家（官）始终占据着优势地位，商人则表现出一种仆从角色。国家能够动用手中的公权力插手，甚至直接干预商业活动。因而，商人和商业始终生活在政权强大的羽翼之下。"^②

对于舶来品"破产重整"制度，一般研究认为该制度创于美国，成形于钱德勒方案。而在美国破产法学界普遍认为，重整中的公司就是一个契约束（王佐发，2013）。在这种公司重整契约论的指引下，美国的公司破产重整实务多体现出"私"的性质，多由利益各方谈判协商，国家公权力很少直接干预。但近年来，在大型公司通用汽车和克莱斯勒破产重整案件中美国行政权力介入尺度很大，美国政府不仅充当了债务人融资的放贷人，而且还运用行政权力主导了重整的所有程序（小戴维·A.斯基尔，2010）。^③这种实践的变化，与前文的分析进行辩证地比较，似乎能印证即使法律渊源和历史有着诸多不同，但随着经济的发展，在面对大型困境企业时，政府却有着同样的需求。

二、我国上市公司破产重整对政府行为的需求

历史的传承总是有着延续性。进入21世纪的今天，历史上很多的具体制

① 比如北宋时期为争取边地民心，允许河北路、京东路等末盐产区自由通商；为防止民力外流，限制境外（江南）茶叶北销，实行茶叶禁榷。参见姜朋.官商关系［M］.北京：法律出版社，2008：135.

② 姜朋.官商关系［M］.北京：法律出版社，2008：119-120.

③ ［美］小戴维·A.斯基尔.债务的世界美国破产法史［M］.赵炳昊译.北京：中国法制出版社，2010：前言，4-5.

度已经不复存在。如果从社会制度构成的角度讲，今天的社会与中国历史上的朝代相比，无论经济制度、政治制度还是更为具体的法律制度都已经发生了诸多的变化。特别是在 1978 年中国开始改革开放以来，中国社会的各个层面都发生了巨大的变化，本书所关注的上市公司、证券市场以及破产立法等要素也是在这场改革中诞生并发展起来的。但就这场改革的模式来看，实际上是由国家公权力自上而下进行的、推动的，实质上体现出的仍然是政府等公权力机关对经济活动的直接干预与管制，只是这种政府的具体介入行为或模式与历史上的政府管制商业活动有所不同而已。从改革初期的经济特区，到此后各地或各区域所推动的经济改革，都无一例外的凸显出政府对经济活动的引导和推动。① 当然对于在这场经济改革中政府行为的作用，不能简单与历史上的禁榷制度，或国家对商事活动和商人的管制来相提并论。但不可否认的是，政府行为在这场经济转型的改革中起到了至关重要的作用。

虽然现阶段的改革开放在一定程度上较初期已经构建出了要素基本完备的市场经济体系，很多经济层面的发展已经可以依靠市场规律或经济主体的自发行为来完成，但这并不意味着政府等公权力机构已经退出了对这场改革的助推。或许中央政府较初期少了些在当时看来具有重大突破意义的经济政策，这一方面是因为市场经济环境已经初步具备，同时另一方面也是因为地方政府在相当程度上已经接过了中央推动改革的接力棒，继续推动着当地经济的发展，而其中某些模式中政府介入的程度和方式或许更加深入和激进。② 因此当在当地经济起到极大作用的上市公司陷入困境，进入重整程序之际，无论出于政府在其中可能涉及的直接经济利益的考虑，还是政府保证当地经济平稳发展的一贯政策逻辑，政府等公权力机构都不可能袖手旁观。更为重要的是，在这种社会经济背景下成长起来的上市公司，在其破产重整过程中也会因为利益冲突的激烈和利益平衡的需要，产生对政府行为介入的需求。

首先，政府在上市公司中可能存在着直接的经济利益，为有效防止上市公司破产重整中国有资产的流失，需要政府相关部门在上市公司破产重整中以国有资产代理人身份，在一定政策导向下作出决策及行为。而对于政府在上市公司中存在的经济利益可分为两种情况：一是上市公司中大量存在的国有

① 这种现象的典型体现是改革初期经济特区的设立，以及此后陆续提出的西部大开发、海峡西岸经济区等。

② 其中较为典型的如宿迁为推动当地经济发展而采取的种种措施，如 2002 年推行 1/3 干部离岗招商，1/3 干部轮岗创业，一些干部（副处级）的任务是每年招商 500 万元。参见［美］罗伯特·劳伦斯·库恩.中国三十年［M］.吕鹏等译.上海：上海人民出版社，2008：168-172.

股，这种股权所带来的经济利益可以视为一种直接利益；二是上市公司能为其所在地带来的各种经济要素，以及能对当地 GDP 增长有所贡献，这可视为一种间接利益。对于第一种情况，由于国有资本也存在对利益的追求，在此情况下对有国有股参与的公司，政府会产生优先考虑其上市的利益驱动。从我国上市公司股权结构的相关数据中可以在一定程度上观察到这种利益驱动的存在，如 1992~2003 年，在我国上市公司的总股本中国家股比例保持在 40% 左右，其中最高达 47.39%（2003 年），最低也有 31.52%（1997 年），而在未流通的股份中，国家股的股份值也在逐年增加，从 1992 年的 29 亿股至 2007 年已有 6033.88 亿股，其总量比已流通股份中的 A 股股份值更多（2007 年为 4838.49 亿股）。[①] 从上述数据可以看出，我国的上市公司中包含着较大的国有资产权益。而对于第二种情况，在我国进入改革开放以来，经济的发展在一定程度上成为政府的首要目标，相当比例的政策也是围绕如何发展经济而展开。在以 GDP 为主要指标的政策导向下，各地方政府几乎都将提高各项经济指标作为首要政治任务，上市公司的存在无疑对地方各项经济指标有着积极意义。此外，由于上市公司一般规模较大，对于地方税收有着较大贡献。在许多地区政府财政还较紧张的情况下，上市公司对于地方财政的意义自然不言而喻。上述两方面的利益因素，成为了政府行为介入上市公司破产重整的重要原因和驱动力。

其次，由于上市公司破产重整中主体利益需求的多样性，以及利益冲突的复杂性，为达到保护社会整体利益的目的，需要政府相关部门履行社会公共管理职能，协调各方的利益冲突。上市公司作为一种典型的公众型公司，涉及的利益主体较多，且通过证券市场的放大作用，其一旦出现经营上的问题，风险会在一定程度上被放大。当上市公司处于正常经营状态时，许多利益主体的需求可以通过正常途径得到满足，或通过主体间的意思自治得到解决。当上市公司一旦陷入困境，或出现某些极端情况时，各个主体间的利益冲突就可能出现激化，这种激化甚至会导致严重的社会冲突问题，影响地区的社会、经济稳定。虽然一般而言，各种无法由当事人通过意思自治解决的矛盾都可以通过司法手段解决，但民商事所涉及的司法程序需要由当事人自行向法院启动，且法院所采取的措施需遵循一定的法定程序，在时间上必然具有滞后性。因此法院或者说司法权在面对已经处于激化状态的矛盾冲突时，往往很难及时作出反应。此

[①]　参见《中国证券期货统计年鉴》（2007 年）光盘版。

时，从维护社会稳定的角度出发，需要以政府行为的迅速介入。^① 此外，在上市公司破产重整计划的制定和表决过程中，所涉及的各个主体因为法律程序或权利性质等原因，处于不同的强弱地位，其中强势者如担保债权人（其中的代表是银行等金融机构），弱势者如职工。^② 上述主体很有可能在讨论制定或表决破产重整计划的阶段就因为相互利益的冲突而无法达成利益平衡，或者是某些主体会利用其优势地位侵犯其他主体的利益。此时，虽然在破产重整计划的批准阶段，法院可以依职权进行强制批准，但这种司法权仅仅可以起到事后补救的作用，对顺利推进破产重整程序的积极作用有限。而若在当地经济发展中起到引导作用的政府能够在一定程度上介入重整计划的制定中来，利用其优势地位协调各方利益，保障弱势主体的利益（在实践中多体现在对职工利益的保护^③），或调解强势主体的利益需求，利用其特殊的行政关系，使该类主体作出让步，则可以使重整计划顺利表决通过，进而使上市公司以一个良好的负债状况进入重整计划的执行阶段。

最后，由于我国的上市公司破产重整的目的往往不仅仅局限于恢复上市公司经营能力，而是在这背后有着保存上市公司"壳资源"，从而使第三方达到借壳上市的目的。这种以"保壳"为目的上市公司破产重整，必然涉及三方投资者进入到原股东体系中。从实践效果来看，新《破产法》下的破产重整程序造就了上市公司保壳或扭亏的空间，使"壳资源"能快速从巨额债务中解脱出来，成为净壳，吸引无论国内还是海外的投资者，通过"买净壳"，以更便捷

---

① 在新加坡上市的台资企业中国金属集团旗下的 5 家企业，即常熟"科弘系"企业的破产重整过程就充分地体现了这一点。由于自身经营方针的失误，以及金融危机的影响，造成了"科弘系"企业资金链的断裂。2008 年 10 月 7 日，科弘等 5 家企业的高管突然全部离开常熟，中国金属集团随后向新加坡证券交易所申请暂停股票交易。在 10 月 8 日消息扩散后，许多债权人聚集到企业周围，哄抢财物，并且迅速导致了上千家债权人的集中诉讼。面对可能发生的极端影响社会稳定的突发事件，常熟市政府迅速召开书记、市长参加的紧急会议，政府担当起了守夜人的角色。而在资产保全过程中，公安部门还对企业实施了全面的安保措施，以防资产流失可能带来的局面失控。而常熟地方政府更是先行垫付了用于员工工资、企业正常运营费用、办公支出的资金近 1 亿元，还采取了第三方先行支付农民工工资的方式，避免了群体性"讨薪"事件的发生。参见国内最大一起企业破产重整案台前幕后 [N].法制日报.2009 年 9 月 16 日（第 4 版）.

② 对于职工而言，在破产清算程序中，由于其在破产分配顺序中排位较靠前，其劳动债权受偿的可能性较大。而在上市公司破产重整中，由于不涉及破产财产的分配，在此过程中职工并未享有优先权利，且还可能因股权变更而导致的经营变化，从而失去其工作机会。

③ 在实践中有很多类似的新闻报道，如：近万名职工免遭下岗 [N].法制日报.2008 年 3 月 10 日（第 4 版）.

的方法进入中国上市公司经济体系。① 而在引进新投资者的过程中，政府在招商引资方面，无论是渠道还是掌握的信息等资源都会远远大于上市公司破产重整中所涉及的各类私法主体，且政府通过其行政权所能动用的资源和能量也远非其他主体所能相比。同时，新的投资方需要进入到上市公司，特别是可能涉及成为控股股东的情况下，肯定涉及原有股东的退出。在原有控股股东所持股份为国有股的情况下，若无政府的介入，其退出几乎是不可能的。因此，在上市公司重整的"保壳"目的下，若想要重整成功，需要在政府相关招商引资的政策导向下，利用政府所搭建的平台及信息寻求合适的投资方。更重要的是，在这个过程中，政府的积极参与不仅可以提高新投资者进入的成功率，而且涉及上市公司股权结构变化时，政府对各方的协调能力也会远远强于其他主体。

三、政府行为对我国上市公司破产重整的影响

前文从三个方面分析了上市公司重整中对政府行为的现实需要。从某种程度上讲，这种需要一方面是我国社会经济现实所决定的，另一方面也与政府出于自身利益的需求而有意识的介入有关。狭义地讲，法院在上市公司重整中的司法行为所遵循的应该是法律的规定，对于政府行为而言，其所作出的任何决策或行为无疑也应当遵循法律的规定。但除法律外，政府的政策导向也是其行为的指引，在一定程度上甚至会超越法律的影响和制约。在我国上市公司的破产重整实践中，这种政府行为将会和法律规范一起，对我国上市公司的破产重整计划制度产生各种影响。如有学者通过对上市公司破产重整中政府角色的实证研究，指出政府严格控制着破产重整制度的入口；上市公司或者债权人的重整申请需要经过一个非常复杂的"牵涉到包括地方政府"上级法院至最高人民法院以及中国证监会等各方的批准程序；地方政府给予进入破产重整程序的上市公司巨额财政补贴以帮助上市公司重整；有政府官员组成的清算组成为上市公司破产重整中占主导的破产管理人，使上市公司的重整间接处于地方政府的控制之下；地方政府还通过对法院施加影响将其权力扩展至强制裁定制度（赵惠妙，2017）。

---

① 参见香港均富：新破产法造就了上市公司"保壳"或扭亏的空间［N］.证券日报.2008年9月21日（第A07版）.

（一）积极影响

从实践的效果看，政府介入上市公司重整中可以产生一定的积极影响。普遍观点认为，目前上市公司的破产重整基本都是在地方政府支持下进行，地方政府不希望本地稀缺的上市公司资源灭失，因而总是积极参与重整。政府掌握的资源较多，重整涉及的审批、协调等事项，有政府的参与、协助，上市公司的重整可能更好操作。因此，无论是否认可这种政府行为的合法性，从现实的角度出发，其确实在某些方面对上市公司的破产重整有着积极影响。具体体现在以下几个方面：

首先，从社会的整体层面讲，有利于社会大局的稳定。在欧洲中世纪末期，对于那些经营失败而"破产"的商人而言，当时的商业习惯和传统允许其债务人砸破其经营场所的招牌或桌椅，通过这种方式公示其经营的失败。[①]这种带有些许暴力色彩的方式也是矛盾冲突和宣泄的一种体现。当随着社会经济的发展，公司这一主要市场经济主体在规模上也日益增长，其在经营过程中所积累下的各种利益关系远非中世纪的商人所能比拟。而上市公司作为典型的公众型公司，正是当代社会大型公司的代表，特别由于其可以通过证券市场进行融资，其所涉及众多证券投资者的利益关系也决非其他非上市公司所能比拟。因此，一旦上市公司陷入困境，甚至有破产之虞，其所引发的矛盾不仅仅是局限于公司本身，同时由于上市公司这类大型公司往往对其所在地区的经济局面极为重要，其多在经济链条中处于关键环节，其余的上下游企业可能都和其有着经济上的利益关系。因此一旦其经营出现问题，甚至导致破产，所波及的将可能会是其所在地区的整个经济或行业链条。因此在这种大规模的破坏力下，所产生的矛盾必然会超过单纯的债权债务关系。另外，由于上市公司经营规模较大，其正常情况下所产生的债权债务关系也较其他普通公司更为复杂。一旦陷入困境，若无法及时清偿债务，也极可能导致矛盾的集中暴发。虽然上市公司通过破产重整，恢复经营能力后，上述问题可以得到避免，但作为一项司法程序，破产重整的启动具有滞后性，而且其也是一个漫长的过程。因此在面对矛盾的激化和集中暴发时，法院往往力不从心。而由于政府拥有的行政权较司法权有更多的自主性和及时性。因此在上市公司破产重整过程中，乃至破产重整前政府可提前介入各个利益冲突的主体间，能有效地制止和解决矛盾，避免矛盾的激化和集中暴发，在维护社会整体局面稳定的同时，也能促使破产重整顺利地进行。

---

① See Janette J. Anderson. *Bankruptcy For Paralegals*. Prentice Hall Inc，1997：8.

其次，有利于弱势群体的保护。在上市公司的破产重整中，由于涉及的利益主体众多，无论是法律的规定还是现实中的实践都无法确保诸多的利益主体处在同一地位。因为各个主体利益需求的不同，以及在上市公司中本身的地位不同，其在破产重整计划的制定和表决过程中可能处于不同的博弈地位。由于破产重整的目的在于恢复债务人的经营能力，在此过程中无法由法律强制性地对各个利益主体进行优先顺序的排列，这种制度安排会使在破产重整计划的制定、表决或执行过程中，某些占有优势地位的利益主体侵犯其他主体的利益。在实践中，由于我国现阶段的社会现实，职工往往成为典型的弱势群体。同时对于我国的上市公司而言，其破产重整的根本目的多在于第三方的"接壳上市"。在股权变更的过程中，在我国上市公司一股独大的局面下，小股东往往很少有保障自己权益的手段，在实践中也已经出现了在上市公司重整中损害中小股东利益的案例。[1] 对于这种现象，虽然法院在行使司法权的过程中可以在一定程度上保护弱势群体的利益，但由于司法程序的滞后性，其在实践中往往很难及时地做出反应。此时，政府等公权力机构可以使用其所掌握的各种资源，对某些弱势群体的利益进行保护或利益补偿。这一方面可以实质性地对该类利益主体作出经济上的补偿，使之在破产重整程序之外达到利益上的平衡。另一方面，当某些强势主体不愿意做出利益上的让步或有侵犯其他主体利益的行为时，政府也可以利用其影响力来使该类主体做出让步，从而达到最终的利益平衡。

最后，有利于第三方投资者的引入。对于我国上市公司重整的特殊性制度需求而言，其核心的目的在于通过上市公司的"保壳"成功而达到第三方"借壳"上市的目的。在实践中，对第三方往往有着较多资金上的要求，因此第三方一般为具有一定经济实力的主体。进入破产重整的上市公司一般都已经陷入困境，且财务方面多不容乐观，此时，若单纯由上市公司与第三方谈判，上市公司很难取得一个平等的谈判地位。此外，上市公司的股权变化需涉及一系列政府部门的批准，因此而对于第三方而言，若缺少政府的参与，无疑会增加谈判的不确定性，增加其进入上市公司"借壳"的风险。更为重要的是，在上市公司进入破产重整程序以前，接触和寻找符合条件的第三方的工作或许就已经

---

[1]　一般而言，第三方进入到上市公司中，必然会发生股权的变化。这涉及原有股东的股权让渡。而在第三方向原股东支付股权让渡的对价时，由于小股东的谈判能力不强，可以与大股东或第三方博弈的资源较少，在价格的确定上时多无法公平地获偿。相关实践中的案例可参见破产重整三样本解剖：谁动了中小股东的"奶酪"［N］.上海证券报.2010年6月1日（第F12版）.

展开了。在这过程中，已经陷入困境的上市公司不可能完全承担起这一工作，政府等部门在其中的带头作用显得尤为明显。所以，政府在一定的招商引资政策导向的指导下，当上市公司陷入困境需要进入破产重整程序之际，积极利用政府的平台或资源优势介入第三方投资者的寻找和接触，对提高谈判的成功率有着相当积极的作用。

（二）消极影响

有研究以新《破产法》实施以来至 2014 年 12 月，法院裁定破产重整的上市公司为研究样本进行数据统计分析，认为我国上市公司重整中行政权运行发生了现实偏离，主要体现为：上市公司管人选任机制的非市场化、重新价值分配的扭曲、强制批准制度的滥用（丁燕，2016）。本书认为，世界上的事物都有着其两面性，正如中国有句成语"过犹不及"，当政府行为超过一定界限时，也会对上市公司的重整产生消极影响。这种消极影响主要体现在以下几个方面：

首先，政府行为的不可控性。与法院的司法行为相比，政府行为不具有严格的程序性，其行为的实质内容也较法律规范有更大的包容性。因此，尽管有着一定的政策导向作为其决策和行为的指导，但是在实际的运行中，政府行为仍然可能超过其合理的界限。因此很难保证政府在上市公司重整的过程中，其介入行为都符合法律的规范，甚至是符合行政行为的决策规范。更重要的是，在上市公司中还可能存在着国有股，使政府等相关部门作为国有资产的代理人在其中有着直接的利益关系。在此情况下，很难相信在缺乏有效监督和制约机制的前提下，在拥有强大公权力的政府面前，其他私主体的利益能够得到公平合理的对待。

其次，在保护某一主体利益的同时有可能损害其他主体的利益。在破产重整过程中，由于资源的有限性，对某一主体的额外保护必然会占据更多的资源，从而导致其他主体的利益需求受损。另外，在上市公司破产重整涉及的诸多利益主体中，由于利益目的的不同，重整成功不一定符合其最大的利益需求，其中最典型的则是担保债权人。实践中，在担保债权中占有大部分份额的债权人一般为银行。对于银行而言，其对上市公司的贷款一般都有相关的担保利益，一旦上市公司进入破产重整程序后，其将不能行使担保权利。更为重要的是，在破产重整计划中，要缓解债务人的财务状况并使其复兴，一个重要而常用的方法就是债权调整，而以银行为代表的金融机构对企业享有的债权额往往十分巨大，因此在破产重整计划中必须做出大幅度的债权调整（莫初明，2007）。但根据相关的贷款通则，银行对贷款本金的核销需要总行甚至财务部核准，其目的多在于避免下级银行擅自减免债务。在上市公司破产重整中，这类贷款的减免、延期多由政府出面与银行协商。由于我国特殊的银政关系，银行最终往往会做出重大让步。虽然这可以加快重整的进程，但银行在不能行使担保权的情况下，又在债权清偿上做出重大让步，这无疑损害了其利益，使得就算重整成功，银行获得的利益或许还比不上破产清算程序下其依照担保权行使别除权所得。

最后，政府等公权力机构往往重视政治利益而胜于经济利益。对于破产重整程序而言，之所以要对债务人进行重整而非单纯的破产清算，就在于考虑债务人的经营价值大于其清算价值，即重整破产企业的经营，通过重组其资本的结构，以便在将来赢利，而债权人从企业未来利润中获得的价值会比清算中获得的价值更多。[①] 因此在上市公司的"保壳"过程中，也需要对上市公司的"壳资源"的价值做出客观的评估。但在政府等公权力机构的介入下，为了保存上市公司的"壳资源"，在与第三方的谈判中，为了使新的资金方顺利注入上市公司，政府有可能会在股权价格方面做出让步。[②] 更为重要的是，无论出于恢复公司经营能力也好，还是保住上市公司的"壳资源"也罢，作为一个公司而言，存在的最终目的还是在于能有继续经营的可能和价值。但地方政府为保存上市公司这一稀缺资源，且在中国尚未有一起上市公司破产清算的情况下，任何一个地方政府都不会希望第一起上市公司破产发生在自己辖区内。因此，这种超过经济范畴的政治目的，会影响政府在上市公司重整中对公司本身存续价值的判断，从而造成没有存续价值的上市公司被通过政府行为的干预而人为地保存下来，实质上造成了市场经济资源的浪费。

第二节　政府行为的运行机制

前文探讨了我国上市公司破产重整中对政府行为的需求，以及政府行为对上市公司破产重整产生的积极和消极影响。无论我们对政府行为在上市公司破产重整中存在持肯定抑或否定的态度，政策行为在客观上都对我国上市公司的

---

① See Stuart C. Gilson. *Managing default*：*Some evidence on how firms choose between workouts and chapter11*. Journal of Applied Corporate Finance. 1991：62.

② 参见 ST 天颐股权拍卖低价成交背后有故事［N］.上海证券报 . 2007 年 10 月 23 日（B01）.

破产重整计划的制定、表决等过程起到了重要影响。要对我国上市公司破产重整计划的实践有一个完整的认识，必须对在破产重整计划过程中政府政策行为的运作机制及作用途径做梳理和思考。同时破产重整计划作为一项法律制度，其在运行过程中又必须遵循相应的破产法律规范。因此，在我国的上市公司破产重整计划的制定、表决等环节中，政府行为和法律规范必然存在着相互的衔接和冲突。

一、政策与立法价值的关系

所谓"政策"，从狭义的角度看，可以把其看作权威的宣言，或是包括法令、拨款、规章制度和行政命令在内的规定，或是司法决定。从这个意义上说，政策是政治过程中为了采取一些行动或迫使人采取行动而达成的决定。从广义上说，它可被看成是政府当局的决定和行动的总框架。这些政府当局是由一个共同的总目标（它指导所有的决定和行动）联系起来的。后一个定义或许同传统的运用更一致（格林斯坦，波尔斯比，1998）。在国内的研究中，对政策的定义多从其政党性和阶级性出发，并指出政策是社会上层建筑的重要组成部分。[①] 而在我国，作为国家基本政策的大政方针，它往往体现在宪法和法律之中，具有明显的法律效力，是宪法和法律的核心内容，因此国家政策往往成为法律的指导原则或法律本身（陈庭忠，2001）。比较前述对政策不同角度的定义和描述，可以发现其实法律本身与政策有着紧密的联系。从某种意义上讲，某一法律的出台或制定本身就是一定政策的体现。因此，尽管法律的运作与政策的运行是有所区别的不同机制，但从整体的视角去观察时不可武断地将两者割裂开来。

从政策与法律的表现形式来看，法律多体现为成文的法律规定或司法解释，政策多通过政府的文件、决议甚至是某次领导的讲话来体现。对于法律中的诸多法条而言，其并非只是单纯并列，而是以多种方式相互指涉，通过彼此交织及相互作用产生一个规整。而法秩序并非法条的总合，是由许多规整所构成的（拉伦茨，1996）。然而这种规范的制订肯定不是随意的，除法律制订所需的严格程序外，其法条或规整的内容必然包含了其产生时代的价值趋向和理念。也就是说，法律规范具有贮存价值的功能，而这种包含在不同法律规范中的价值片段，综合起来就是该法律制度所体现的立法价值。这种立法价值被法律化

---

① 参见段钢 . 论政策与法律的关系［J］. 云南行政学院学报 . 2000（5）；刘雪明，赖毛毛 . 论政策的本质与特征［J］. 江西社科学 . 2002（12）.

后，可以以法律原则的形式表现出来。从更宏大的一个整体来看，任何社会的发展时期都有其不同的价值取向，这种抽象性的价值理念在不同的社会制度中（包括但不限于法律制度）以不同的角度体现。所以可以这样说，任何一项法律都无法摆脱其所处的时代。

对于政策而言，其和法律一样，也会受到所处的时代和社会现状的影响。法律规范中所储存的价值，通过抽象可以用法律原则来体现。而政策较法律规范而言，其表现的形式更具有多样性，而且与司法行为在某些时候的滞后性和被动性所不同的是，政策的作出在许多时候带有强烈的目的性和层次性。所谓目的性，意指每一项政策的作出都有其意图达到的目标或效果。这种目的性体现为政策目标，即为政策活动所要达到的目的，为一项政策的核心。从根本上说，政策目标是政策制定者在对特定政策问题的性质、发生范围、影响程度、产生原因、经历过程全面认识和综合评价基础上，对解决政策问题的前景的一种展望、设计和构想（王春福，孙裕德，1999）。所谓层次性，意指不同的级别或地区的政府作出的政策可能有所不同，如中央政府作出的改革开放政策是站在全国性的大局上制定的一项基本国策，在这项全国性的基本政策之下，各个地方政府根据其区域的实际情况，还可能会产生不同的地区政策。而在某些情况下，由于中央政府和地方政府利益需求的差异，在不同的利益驱动下，还可能出现相互间的政策博弈。[①] 另外，由于社会经济生活的多面性和层次性，也会导致在不同的层面和领域出现不同层次的政策，这种不同层次的政策又可能有着不同的政策目标。因此，与法律规范相比，政策有着更多的灵活性与多样性，其可能涉及社会生活的各个层面，而在这繁杂的政策体系中，贯穿始终的还是时代所决定的社会基本价值观，这种价值观经过不同的政策又反作用于现实社会。在这种抽象的价值观之下是更为具体的政府行为，不同层次和方面的政策有着相当大的多元性，而通过不同的政府行为又可以体现出政府在某一方面或某一层次所持政策的导向问题。不同的政策将会产生不同的政府行为，而在同一政策之下也可能存在不同的具体政府行为。

就立法层面而言，法律规范与政策的关系依照法律性质的不同而有所区别。在私法领域，由于法律所关注的是私主体的个体利益，而通过社会经济的发展，

[①]　法律也存在层次性的问题，但上下位法律间的优劣效力明显，正常情况下，下位法律是无法对抗上位法律的。但对于中央与地方的政策博弈而言，虽然两者有着行政上的上下级关系，但行政行为的作出不比法律试用的严格性，下级政府在地方经济利益的驱动下，在地方政策的制定上有着相当的自主空间。

私主体在处理和解决自身利益的问题上,已经发展出一整套成熟的理论和方法。从法律技术的层面看,私主体之间遵循着私法自治原则,通过"意思表示"达成相互间的合意,法律仅仅赋予这种合意以强制的执行力。而在某些法律领域,当私主体的利益冲突具备了一定程度的公共性时,或者不仅仅只有私主体利益涉及其中时,就可能从私法领域进入公法领域。在公法领域,由于不再是纯粹的私人利益冲突问题,因此往往需要一种主动的强制干预手段。此时,公权力机构的政策会在一定程度上影响到立法的内容和法律颁布后的实际运行。以破产法为例,有研究者就指出:企业破产程序中的利益冲突不属于纯粹的私人性问题,私人利益的冲突在破产程序中具有较强的公共性,因此也不宜采用纯粹私法自治的管理方式。破产程序中存在的众多利益冲突具有很强的社会性,容易造成社会问题,需要政策干预协调,而这种利益冲突具有公益、私益混合特征,利益平衡需要采取公权力干预和私法自治相结合的运作机制(丁文联,2008)。对于破产法这种掺杂着公益和私益,介于公法与私法之间的部门法,在立法过程以及法律颁布后的运行过程中,政府的政策目标及导向都会起到重要作用。对于这一点,学者指出:破产法立法中公共政策所要解决的问题集中表现在如何在平衡债权人、债务人以及除此之外的其他利益主体之间的利益关系的基础上,适度反映出政府的选择倾向,并在必要时对政府的选择倾向做出一定的妥协(韩长印,2002)。

对于破产法律制度之下的破产重整制度,由于其作为破产程序的一部分,自然在立法与运行过程中也无法避免政府行为的影响。从其立法理念及价值取向来看,是基于"拯救"思想之下,出于对社会整体利益的考虑,而对债务人采取的一种"恢复"措施。这种立法价值取向无疑和当时的社会经济发展密切相关,当"公司在现代商业生活中所扮演的角色是独一无二的,具有关键作用"[①]时,为避免巨大的社会成本和经济的连锁影响,任何政府面对陷入困境的大型公司(如上市公司),都不会仅仅是采取简单的清算方式。因此破产重整制度的出现,与预防大型公司解体而导致社会经济动荡的政策导向密切相关。另外,破产法律制度作为一种商事救济制度,在社会整体经济发展陷入周期性的陷入困境之时,由于其对于淘汰困境企业的作用,极易引起社会各界对其立法的关注。而当破产重整程序诞生后,其所拥有的拯救企业和预防破产的功能,使其在出现周期性的经济危机时显得更为重要。以美国为例,"历史上每一次

---

① See L. S. Sealy. *Company Law and Commercial Reality*. Sweet&Maxwell, Center For Commercial Law Studies , 1984 : 2.

经济危机都伴随着对破产法新的需求。"[1]

对于我国的破产立法而言，在改革开放初期，由于对企业破产可能引发的社会问题的担忧以及对国有企业改革的考虑，原有的 1986 年破产法不仅规定简单，也缺乏实践的社会基础。从政府政策的角度来看，当时我国处于经济改革初期，整体的政策导向还未摆脱"社会主义有计划的商品经济"的思路。对于当时的企业而言，其经营结构是所有权与经营权的分离，当时的破产，乃是保存所有权前提下的经营权破产。这体现在立法上，就是为了尽力防止破产面被扩大的内在倾向（刘勇，2006），破产法的适用仅仅局限于全民所有制企业，所谓的私企的破产需适用民事诉讼法中的"企业法人破产还债程序"。随着改革的继续，为解决国有企业在计划经济时代所遗留下的问题，特别是其中有关社会稳定大局的职工安置问题，中央于 1994 年发布《关于在若干城市试行国有企业破产有关问题的通知》，其中体现出了"实施企业破产必须首先安置破产企业职工"的政策，而且还规定破产企业的土地使用权处置所得需首先用于安置职工。这种政策指导下的清偿顺序无疑已经与法律相违背，这种获得政策支持的国有企业破产，被称为"政策性破产"。在这种背景下，可以说相当长的一段时间内，我国都缺乏一个现代意义上的破产法律制度。

随着改革的进一步深化和市场经济体系的基本确立，无论是国有企业还是私营企业，其基本上都建立起了现代公司制度。在这种情况下，国家正逐步地改变以政府行为来干预国有企业经营的方式，而改为行使股东的权利。同时随着我国加入 WTO，由于缺乏以破产法律制度为核心的市场退出机制，在争取市场经济地位的问题上，我国受到了一些阻碍。在这种背景下，原有的与企业破产有关的政策就需要做出相应的调整。当然在这个过程中，各种观点也发生着激烈的碰撞，其中最引人注目的仍然是在我国特殊国情下所不能回避的职工利益问题。在破产财产分配顺序的问题上，保护职工利益的政策与担保权优先发生了冲突，而最终体现在立法上则是一种妥协的局面，即在新《破产法》公布以前出现的破产，破产人将优先清偿职工的工资和其他福利；破产人无担保财产不足清偿职工工资的，要从有担保的财产中清偿；在新《破产法》公布后，破产人将优先清偿担保债权，职工工资和其他福利仅能从未担保财产中清偿。这一特殊性规定无疑是我国特殊政策导向的体现。

对于新《破产法》中新创设的破产重整制度而言，其在法律层面体现的是

---

[1] See David A. Skeel . *Debt's Dominion : A History of Bankruptcy Law in American*. Princeton University Press, 2001 : 18.

破产法的最新立法倾向，在政策层面则体现了防止大型公司解体而导致社会经济动荡的导向。更为重要的是，在随后波及全球的新一轮经济危机中，破产重整程序制度更是迎合了应对经济危机，维护社会整体稳定的政策导向要求。[①]而具有中国特色的是，破产重整程序有着避免债务人被清算而终结主体资格的客观效果，其成为了我国证券市场上 ST 上市公司摆脱困境、避免退市乃至破产清算的途径。在实践中，由于受到各地方政府保上市公司"壳资源"政策的影响，破产重整程序实际演变为了新的投资方"买壳上市"，进入证券市场的一个新的途径。因此，在实践运作上，我国的破产重整程序充分体现出了政府的政策与法律规定双重作用的特点，并且在特有的政策引导下，呈现出了独特的中国特色破产重整实践。

二、我国上市公司破产重整计划中政府行为的运行

就政策与法律的关系而言，有学者指出：立法层上对公共政策问题的解决分为两种方案，一是上升到立法高度并完整体现到立法中的公共政策内容，其实际已经突破了政府公共政策的范畴，已经剔除了政府公共政策与立法原则相比较所显露出来的，在稳定性、规范性、系统性等方面的欠缺；二是仍然留在政府公共政策层面上的，属于政府政策决定和政策实施方面的自由裁量权内容（韩长印，2002）。因此，政策在一定条件下是可以转化为法律的。而同时，对于在一定程度上涉及公益的法律而言，其在立法阶段就可能受到政府政策的影响，在颁布后的实践运行过程中更不可能摆脱政策的影响。对于我国的上市公司破产重整计划的实践而言，政府等公权力机构在一定政策的指导下介入破产重整程序中来，是一个客观的现状。但不可否认的是，破产重整作为一项法律程序，有着严格的法律规定，在程序的运行过程中必然会受到法律的约束。虽然从某种意义上讲，政府等公权力机构在上市公司重整中的行为不是盲目或随意的，必然有着一定的政策作为其行为的指导，但政策本身不具有法律规范的规范性和确定性，更重要的是，这些政策所体现出来的政策导向还有可能与重整法律规范相冲突。

（一）在上市公司破产重整计划法律框架内的运行

与法院的司法权不同，政府做出行为的权力基础在于其所拥有的行政权，

[①] 参见王欣新.论经济危机下的破产法应对［N］.人民法院报.2009 年 6 月 18 日（第 6 版）.

因此政府等公权力机构介入上市公司重整是通过行使其行政权的方式来实现的。但破产重整作为一项法律程序，政府行为在一定程度上也需要在法律程序的框架内进行。

从法律规定来看，我国 2006 年颁布的新《破产法》，在第 8 章分 3 节共 25 条的篇幅对破产重整制度做了系统的规定。单纯就法条的规定而言，以破产重整计划为核心，政府等公权力机构在法律框架内可以在以下几个方面介入上市公司的破产重整：

首先，在破产重整的申请上，按照法律规定，债务人（这里即上市公司）在一定条件下可以向法院申请重整。在我国上市公司中存在大量国有股的情况下，这赋予了国有资产管理部门启动破产重整程序的可能，虽然在行使该权利时，国有资产管理部门是以股东的身份出现，但作为政府的一个部门，其股东权的行使除了单纯的经济利益考虑外，更多的是受到了政府政策的指引和影响。

其次，在重整计划的制订上，我国 2006 年新《破产法》采用的是"谁管理财产和经营事务谁负责制订重整计划"的方式。由于我国的破产重整中，可由债务人或管理人负责公司事务，所以债务人仍然有机会制订重整计划。而在上市公司中，其大股东所持股份极有可能是国有股。因此在制订重整计划时，政府可以借其大股东对债务人影响之便利，在破产重整计划中体现自己的政策需要。

再次，在破产重整计划的表决中，根据 2006 年新《破产法》的规定，债权人在债权人会议上，按照其债权的分类，分组对破产重整计划草案进行表决。这种分组讨论的方式体现了破产重整制度对社会整体利益保护的立法取向。而若破产重整计划涉及出资人权益调整事项时，法律要求应当设立出资人组，对该事项进行表决。由于我国上市公司重整基本上都有可能涉及第三方"借壳"上市的问题，这样必然涉及到原有出资人的股权变动。在法律要求设立出资人组的情况下，政府可以凭借自己持有的大量国有股权（在很多时候可能是占据绝对多数地位的），在表决时通过符合自己要求的股权变动事项。

最后，在破产重整计划的执行中，按照 2006 年新《破产法》规定，当法院裁定批准重整计划后，管理人应当向债务人（上市公司）移交财产和营业事务，由债务人来负责执行。法律赋予了债务人执行重整计划的权利，在这种情况下，上市公司的控制权在一定程度上又回到了大股东手中。当政府作为大股东时，其可以在法律的框架内影响计划的执行，特别是关于第三方资金的进入和股权的调整变化方面。更为重要的是，由于我国上市公司的破产重整可能涉及其"壳资源"的转让，其中的上市公司股份变更及国有资产（国有股份）转让处置环节，都需要证监会和国资委等部门的核准或审批。

　　此外，由于上市公司监管的特殊性，在破产重整计划的制定、表决直至执行的各个环节中还会涉及信息披露等问题。虽然 2006 年新《破产法》中并未就该问题作出规定，但是若对于破产重整计划的内容若出现证券法、证监会或证券交易所所规定信息披露事项，上市公司仍然需要按照规定做出信息披露。这种法律或法规所赋予行政权力的监管，无疑也为政府等相关部门提供了介入的法律空间。

（二）在上市公司破产重整计划实践中的运行

　　前面通过对法律规定的简单梳理，对法律规定所赋予的政府行为的运作法律空间做了简要的介绍，但需要认识到的是，"机构和规则书面上是一个样子，但生活中表现得很不同，几乎所有人都认为法律在某种程度上是社会产物，书上的法律和行动中的法律不总是一样的。规则和机构本身并不能告诉我们这机器如何运转"。[①]特别是政府行为本身就具有极大的多样性和扩张性的情况下，在实践中一旦缺乏有效的制约机制，其极有可能超过法律所赋予的框架。对于我国上市公司破产重整计划制度的实践而言，与前文的法律所赋予的空间相比，在实践中可能出现以下几方面的变化：

　　首先，在程序的启动上。虽然法律赋予了债务人投资者申请破产重整的权利，但行使该权利却必须符合一定条件，即因债权人申请而启动了对债务人的破产清算程序；在期限上必须是法院受理破产后至宣告破产前；申请人必须是占债务人注册资本 1/10 以上的股东。在现实条件下，上市公司的破产重整程序启动不太可能发生在已经启动了对上市公司破产清算程序的情形下。对于上市公司这一与地区经济有着重大利益关系的经济实体的破产而言，任何一个地方政府都不会允许当地法院独自作出受理的决定。在实践中，有出现过这样的模式，即由政府出面，在与主要债权人及相关证券监管部门协调的基础上，由政府选定的债权人（一般也可能为国有企业）向法院申请对上市公司的破产重整。

　　其次，在破产重整计划的制订阶段。由于我国的上市公司重整一般涉及第三方投资者的进入，因此在该阶段政府作为国有股权的持有方一般已经开始寻找符合其条件的第三方。在计划的制订中，除其他利益主体的协调外，更重要的是与第三方的谈判。此时无论是否在上市公司中存在国有股权，政府都会介

---

① ［美］弗里德曼.法律制度［M］.李琼英，林欣译.北京：中国政法大学出版社，2004：1.

入到与第三方的谈判中来，一方面为促使谈判的成功，另一方面也为谈判的结果符合地区的经济政策需要。

再次，在破产重整计划的表决和批准过程中，政府的作用不仅仅局限在投资方分组的表决中。对于某些占有相当份额的主要债权人，政府一般会出面提前与其沟通，其中对于担保债权人中银行等金融机构更会是重点关注的对象。因为该类债权人一般占有其同类型债权中的主要份额，而且破产重整并不一定符合其利益最大化的需求。因此从一个理性经济人的角度去判断，在破产重整计划中要求其做出较大让步似乎不太可能。对此政府除利用其与银行等金融部门特殊的行政关系对其施加影响外，也可能在政府带头运作下，通过其他运作手段化解上市公司的债务，从而为第三方顺利接壳，实现"借壳"上市的目的打下基础。[①]

最后，除上述三个方面外，在上市公司的破产重整中，政府等公权力机构还可能在维护社会稳定、协调解决职工安置等问题上发挥作用和影响。尽管严格地讲，上述工作并没有规定在破产重整的法律规范中，但不可否认的是这些因素却能在一定程度上影响到上市公司破产重整能否顺利进行。而为了保住当地稀缺的上市公司资源，更是出于避免出现群体性事件或经济连锁反应等影响社会稳定情况的考虑，政府一般都会在破产重整法律制度之外，积极地针对上述问题采取行动。

第三节　政府行为运行中的政策要求

通过分析政府行为在上市公司破产重整计划中的运行可以发现，虽然有着法律规范所赋予的法律空间，但在实践中仍然会出现现实与"书本上的法律"之差距。这种实践中的运行是一种"实然"状态，但并不意味着这种"实然"状态肯定能为我国上市公司的破产重整带来积极意义。另外，即使在政府中所体现出来的某些政策确实和破产重整法律制度的立法价值相吻合，但由于政策

[①]　如在重庆朝华科技的重整中，对于重组方提出的债权人在一定条件下放弃剩余债权的意见，最大的债权人——数家商业银行都表示其无权擅自减免。而最终的解决方案是设立了一个有限责任公司来承接原上市公司按重整计划减免后的债权债务，这样就把原上市公司剥离成了一个净壳。参见 38 天朝华科技的涅槃历程［N］.人民法院报.2008 年 6 月 15 日（第 1 版）.

执行主体的个体利益驱动，或政策执行机制的缺陷，还可能导致政策执行中的政策规避问题（王国红，2003）。同时，在破产法的立法过程中，立法政策所体现的是中央政府的政策目标，中央政府代表全局利益，其制定政策的出发点是全体人民的整体利益；地方政府代表局部利益，其执行政策的出发点是谋求本地区的最大利益。由于中央政府与地方政府之间利益差别的客观存在，使双方的利益博弈在所难免（杨连强，2006）。所以在上市公司破产重整中，地方政府因为其所处地区的经济利益需求，其政府行为可能会体现出与中央政府所不同的政策需求。在这种情况下，为了保证破产重整程序的顺利运行，实现保护社会整体利益的立法价值目标，在上市公司破产重整计划的制定乃至执行过程中，有必要对上市公司破产重整计划实践中的政府行为应当遵循哪些有积极意义的政策，进行思考与探讨。

一、原则性政策

从破产立法的发展来看，当破产重整程序在破产法律体系内产生时，就意味着破产法对利益主体的保护已经突破了债权人和债务人的范畴。有学者认为冲突与合作并存、不完全竞争与不完全市场、多形态博弈是企业破产程序中利益平衡政策目标的三个理论前提（丁文联，2008）。也有学者指出，我国2006年新《破产法》在程序设计中采取了"一个大门，三个小门"的设计思路，因而破产法包括了破产清算程序、和解程序和重整程序。因破产法是对债务人财产的一次性概括处理，因此各种利害关系人的利益冲突在破产法上尤为突出，而破产法对于这些利益冲突进行了平衡性的制度安排（李永军，2007）。

对于学者提出的破产程序中利益平衡的政策目标，笔者认为不应当一概而论。由于破产法律制度作为一种商事救济制度，一旦涉及适用破产法律规范，自然已经是各种利益冲突或矛盾无法调和之际。因此为了使程序顺利进行，平衡各个利益主体间的矛盾是一种实践的需要，但由于破产法下各程序目的的不同，对于最终的整体利益分配而言，并非一概遵循利益平衡原则。以破产清算程序为例，由于其着眼于对债权的清偿，且要求同种类型的债权应当公平受偿，因此在破产财产分配顺序的设计上，需要对不同类型的债权进行受偿顺序的排序。尽管这种排序遵循着一定的立法原则，也受到了对应政策导向的影响，但这种优先顺序的排列本身就是对债权优劣的一种划分。所以在破产清算程序中，在最终的破产财产分配上，整体上并没有完全地体现出利益平衡的原则。

对于破产重整程序而言，由于其是在破产法最新立法价值发展的背景下诞生的，因此其不可避免地受到破产法立法价值取向的影响，即其程序设计的价值目标应当是保护社会整体利益。若在实践中出现偏离（如过分强调保护某一主体的利益），则会使破产重整程序出现严重的变异，最终影响到多方主体的利益。因此，尽管我国上市公司破产重整在实践运行中的目的，不仅局限于恢复上市公司的经营能力，还在于避免上市公司的破产，但这种"借壳"上市的运作仍然是通过破产重整程序来实现的。因此，作为破产重整程序的核心，在破产重整计划中，无论是在制定环节还是在最后的执行过程中，所应遵循的基础价值理念仍然是保护社会的整体利益。当然该价值理念和第三方通过破产重整程序实现"借壳"上市，在实质上并不冲突，因为就我国目前进入破产重整的上市公司而言，一般都是已经陷入经营困境，并且连续亏损的 ST 上市公司。该类上市公司一方面由于连年的亏损，在资金方面已经面临相当程度的困境；另一方面其只要连续三年亏损而无法盈利，则将会面临退市的危险。而第三方投资者的引入可以直接带来新资金的注入，或其他优质资产的进入，这会使 ST 上市公司的资金状况立刻得到好转，从财务数据的角度来说，可以使其年度报表由亏损转为盈利，从而摘掉"ST"帽子，避免退市。除了使 ST 上市公司避免退市，保住地方经济体系中稀缺的上市公司资源外，更重要的是通过第三方资金的注入可以在一定程度上短时间内解决 ST 上市公司的资金链问题。同时在破产重整过程中，通过债务减免等方式减轻上市公司的负债，在新的投资方带来优质资产的同时，也为上市公司恢复持续经营能力打下物质基础。这样通过破产重整，ST 上市公司在保住其"壳资源"的同时，通过新资金的进入和经营能力的恢复，在相当程度上避免了各方主体的利益损失。因此，在我国上市公司重整实践中，特殊的"借壳"上市制度需求，其实践效果也符合保护社会整体利益的立法价值和政策导向。

在保护社会整体利益的前提下，在上市公司的破产重整计划中，当各主体的利益发生冲突时，法律无法如同在破产清算程序中一样，给出最终的利益分配顺序。而在破产重整计划的表决阶段，按照法律规定的表决分组模式，不同表决组的表决在一定程度上具有同等效力。如果破产重整计划的内容不符合甚至是损害了某一表决组主要主体的利益,该组可能会否定破产重整计划。因此，无论是从实现破产重整程序立法价值的角度，还是从促使重整成功的实践角度出发，都需要一种利益平衡的政策作为导向。而从法律的角度出发，这种利益平衡的政策与法律在利益面前所担负的任务又是一致的。利益法学出发点的一个根本真理是，法的每个命令都决定着一种利益的冲突，法起源于对利益的斗争，法的最后任务是平衡利益。法律的目的是平衡个人利益和社会利益，实现利己主义和利他主义的结合，从而建立个人与社会的伙伴关系。[①]

　　应该说，对破产重整计划中的政府行为而言，保护社会整体利益和利益平衡这两项政策是相辅相成的，同时通过立法，也上升为了一种立法价值，并在破产重整程序的法律规定中得到了现实的体现。从保护社会整体利益的角度出发，这种政策和立法价值决定了在破产重整计划的制定中，不可能如同破产清算程序一样，在进行利益分配时对各个冲突的利益主体做一个统一的优劣排序。要使破产重整程序顺利进行，并且最终达到保护社会整体利益的制度目的，必须要在各个主体间达成一种利益的平衡，使不同主体在破产重整计划中有着满足自身利益需求的空间。因此，保护社会整体利益是目标，利益平衡是达成目标所必须的一种利益的局面或状态，在某种程度上也是保护社会整体利益的手段。虽然在我国的上市公司破产重整中，存在与传统的破产重整所不同的利益目标，但其仍然是在破重整程序中，通过破产重整计划来实现这种特殊的利益需求。所以在破产重整计划的各个环节，政府行为的介入都需要遵循保护社会整体利益和利益平衡这两个原则性的政策。

二、具体政策

（一）维护社会安全稳定

　　自 20 世纪 80 年代以来，中国社会在改革开放的政策引导下，自上而下地推动着社会的变迁与转型。在这场转型中，由于原有社会经济模式被打破，这必然会导致各种主体的利益冲突。在人类社会中，冲突本是无所不在的。冲突的不可避免性源自人类无数变动的需求，如果饥饿消除了，人们将为声望而战，如果一个权力系统被毁灭了，另一个就会出现，如果权威被根除了，人们将为优先权而竞争，这始终都存在一种"用品"的稀缺。而在系统以及系统内部的社会变迁当中，冲突具有举足轻重的作用。冲突通过施加压力以获得革新和创造，阻止了社会系统的僵化。冲突能够产生新的社会规范和制度，它可能是经济和技术领域的直接刺激因素。而在马克思主义的框架中，整个社会系统通过冲突经历转变（史蒂文·瓦戈，2007）。因此，在我国这场社会转型中，社会各个层面或主体间产生冲突是不可避免的。不可否认，一定程度冲突的存在，对社会的变迁及转型有着积极意义，但是对处在转型中的社会而言，由于其往往处在一个矛盾的上升阶段，超过一定程度的矛盾冲突可能会使社会产生剧烈

---

① 张文星.二十世纪西方法哲学思想研究［M］.北京：法律出版社，1996：127，130.

的动荡。因此，要使社会转型平稳地进行，有必要将矛盾冲突控制在一定程度并且构建出有效的冲突解决机制。

美国经济学家库兹涅茨通过对收入差距的统计，提出了描述经济发展与收入差距的"库兹涅茨曲线"，即收入分配的不平等在向工业文明过渡的经济增长早期阶段迅速扩大，而后是暂时的稳定，然后在增长的后期逐渐缩小。[①] 这种曲线描述出来是一种"倒 U 型"曲线。对此，我国有研究者指出，"库兹涅茨曲线"的意义不仅局限于经济学，还有着明显的法学和社会学意义。总的来说，转型期的法律秩序也呈现一种"先恶化，后改善"的变化趋势。而以工业化和城市化为主要内容的社会现代化的每一个重要时期，或每一次重要的阶段性跨越，都经常伴随着以犯罪等现象为标志的社会秩序的恶化。从秩序和经济发展的关系角度看，转型秩序的这种"先恶化、后改善"的趋势，表明经济发展与秩序恶化首先存在一个同步化的过程，当同步化到一定程度时，同步化现象开始减缓，最终演变为一种背离关系。因此，可以将"库兹涅茨曲线"近似地解读为"转型时期的社会问题曲线"，用于描述转型期社会矛盾及法律秩序的变化趋势。而用这种"社会问题曲线"来描述中国社会转型秩序时，中国正处于一个矛盾的上升期。综合各方面的情况，有关专家把中国社会面临的种种问题归纳为一个颇具警示性的判断：中国已经进入高风险社会（刘金国和蒋立山，2007）。

在这种社会经济转型背景下，政府等公权力机构必然需要在减轻社会冲突与矛盾方面做出回应，体现在政策层面就是"构建社会主义和谐社会"的提出。在中国共产党十六届四中全会《中共中央关于加强党的执政能力建设的决定》中，第一次完整地提出了"构建社会主义和谐社会"的概念，并将其正式列为中国共产党全面提高执政能力的五大能力之一。构建和谐社会政策的出台，是针对在我国社会转型中集中表现出的大量社会矛盾而提出来的一种解决社会冲突的理念和目标，其最终的目的在于为我国改革开放的继续，营造一个稳定的社会环境。而对于稳定的社会环境，无论中央政府还是地方政府都具有相同的利益需求，因为无论全国范围内的经济发展还是区域的经济发展，都需要一个相对稳定和有着固定秩序规范（如法律）的社会环境。

对于上市公司而言，由于其拥有较为庞大的经营组织，和其他主体有着广泛的经济往来，因此在公司所在地有着较大的社会经济影响。更为重要的是，

[①]　See Kuznets. *Economic Growth and Income Inequality* [J]. American Economic Review.1955，45（ 1 ）：1-28.

其具有通过证券市场进行融资的渠道，而一旦其陷入经营或财务困境，甚至退市、破产，大量股票投资者的利益将面临巨大的风险。一旦上市公司退市，其股票价格将会大幅度的贬值，而若进入破产清算程序，股东则更可能无法得到任何受偿。虽然说在任何经营和投资中，都可能存在失败的风险，但对于上市公司这种大型企业而言，其所涉及的利益主体众多，证券市场又在一定程度上扩大了利益主体的范围，因此一旦上市公司被退市甚至进入破产清算程序，上述利益主体的矛盾将会集中暴发，在极端情况下可能会影响到区域的稳定。因此地方政府在面临上市公司破产重整时，一方面在维护社会稳定的政策导向下，会努力促使上市公司重整成功，从而避免上市公司退市或破产清算可能带来的社会经济的震荡；另一方面，对于上市公司破产重整计划而言，出于保护社会整体利益和利益平衡的需要，其在制定等环节中对涉及的各利益主体特别是其中的弱势群体给予特殊的关注，以避免因数量庞大但又处于弱势地位的主体在其利益受损的情况下，发生某些极端冲突，影响社会的稳定。

（二）保障职工利益

由于我国社会经济的特点，对于职工利益的保护一直以来都是个颇具分量而又敏感的问题。尽管从法律规范和社会现状来看，目前我国对职工的利益保护，特别是在国有企业所遗留的职工利益保护问题，都在许多方面做得不尽如人意，但无论中央政府还是地方政府都无法否认职工的利益保护是政策的重点所在。因此在我国的破产立法中，职工利益的保护自然成为了各方关注的焦点，在某种程度上其与担保债权人的利益冲突，还成为了新《破产法》迟迟不能出台的原因之一。

对于这个具有中国特色的问题，有学者指出，在国外，职工利益的保护不会和债权人利益发生很大冲突。西方国家所采取的福利国家政策，对失业者进行救济，形成了系统的经济福利政策（顾培东，1998）。在这种福利政策下，职工的利益通过国家福利得到了相当程度的保护，这样当企业发生破产清算时，职工的利益无须通过破产程序来体现和保障。因此，在澳大利亚、德国、奥地利等国已经将职工工资的优先权取消，而以社会保障体系来承担对职工利益的保护（李永军，2000）。从制度的任务和目的来看，破产制度作为一种商事救济制度，狭义地看其任务应该是负责商事主体的市场退出机制，就破产重整程序而言也仅仅是为预防破产而恢复债务人的经营能力。因此对于职工利益的保护而言，特别是其中涉及的社会保险和失业救济问题，单凭破产重整制度本身是无法全部涵盖也不应该全部涵盖对职工的保险和救济问题。

但就我国而言，政府在面临上市公司破产重整时，之所以需要采取保护职工利益的政策，和我国的国情是密切相关的。首先，在改革开放以前的计划经济时代，我国长期实行低工资政策。通过这种方式，实际上将职工创造的价值转移为国家所有。职工所创造的财富被统一纳入国家财政，再由国家统一计划安排于各种建设和经济发展。因此，从这个角度来看，在计划经济时代，职工的个人价值实际上很大部分是贡献给了国家。而在国家占据大部分资源的同时，其也担负起了较多的社会职能，如公费医疗、福利住房、退休保障等，这种职能的行使往往多通过职工所在单位和国有企业来完成。因此，在这种模式下，虽然职工的工资是其应得收入的很少一部分，但其所享受的其他保障也在一定程度上保证了其利益。当进入改革开放时期后，我国的社会经济发生了剧烈的转型，随着市场经济的建立和完善，单位或企业的社会职能被逐渐剥离，特别是国有企业，其经过逐步的改革和现代企业制度的建立、完善，基本上专注于企业本身经营业务的开展，而原来所承担的各种社会义务被交归政府。

但当失业救济和社会保险、医疗等社会职能从原有的计划经济主体处剥离后，由于长期以来我国社会对社会保障没有持续而迫切的需求，在经济飞速发展的同时，相关的社会保障并没有同步地发展起来。这体现在法律层面就是至今尚没有一部全国性的社会保障立法。虽然许多地方有制定相关的地方法规，但立法的不统一，以及执法力度的问题，使企业拖欠缴纳职工保险金的现象较为严重。一旦企业陷入困境，往往首先利益受损的就是企业职工。而由于我国缺乏有效的劳资谈判机制，职工在面临各种利益冲突时，因个体的谈判能力有限，更容易成为破产重整计划制定时利益博弈中的弱势一方。因此，综合上述各种因素，政府在介入我国上市公司破产重整中时，需要遵循保护职工利益的政策。

（三）保留上市公司"壳资源"

本书所指的"壳资源"是指上市公司的上市交易资格，即可以在我国证券市场上公开发行股票的资格，拥有这种资格的优势在于股权的直接融资和资本的放大效应。上市公司通过在证券市场上公开发行股票，可以迅速地募集大量的资金，且该部分资金是作为股权投资而进入，与发行债券或借贷相比，不用偿还本金及利息，是一种直接融资方式。我国证券市场上存在的较高的市盈率，可以使上市公司获得更大资本放大效益。虽然公司上市后，在信息披露及内部治理结构方面面临着诸多监管，但上述利益的回报，足以使这种上市交易资格成为一种有较高价值的资源。而前文所提及的，历史上对上市额度的控制和核准制下券商限报家数的做法，加之上市成本的存在更是加剧了上市公司"壳资源"的稀缺性。

在这种特殊的社会经济背景下，为减少公司上市融资的时间成本和经济成本，通过已经上市的公司"壳资源"进入证券市场就成为了寻求上市途径资金方的一个替代方式。而破产重整在我国的实践，一方面使处于困境中的上市公司有了摆脱困境的可能，另一方面也为第三方资金的借"壳"注入提供了一个新的渠道。因此在这种"借壳"的操作模式下，破产重整成为了新的投资方"借壳"上市的途径。同时，由于上市公司"壳资源"的稀缺性，上市公司也成为了其所在区域经济发展的重要资源。如同经济发展所需的能源等要素，上市公司也会成为区域经济发展的要素之一，甚至上市公司的存在以及其数量的多少，可以成为体现一地区经济实力的标志。

对于政府等公权力机构而言，上市公司作为其区域的稀缺经济资源，自然会产生充分利用的利益驱动。当上市公司陷入困境，面临退市或破产清算时，地方政府也就面临着丧失上市公司"壳资源"的风险。因此，为保住稀缺的上市"壳资源"，在上市公司的破产重整中，出于地方经济利益的需求和驱动，会产生保留上市公司"壳资源"的政策导向。在这种政策导向的指引下，政府等公权力机构一方面可能作为上市公司的股东之一，积极地促使上市公司破产重整成功，另一方面除了以股东身份在某些环节推进重整进程外，政府等公权力机构还可以利用其招商引资的平台，主动寻找合适的第三方投资者，从而在破产重整程序中完成新的优质资产注入，达到保留上市公司"壳资源"的目的。

（四）恢复上市公司经营能力

从目前我国上市公司的破产重整实践来看，进行重整的上市公司一般都为ST上市公司。按照证券交易所的相关上市规则，被戴上ST"帽子"的上市公司一般是出现了不良财务状况或足以影响公司正常经营的事项，如最近两个会计年度审计结果显示的净利润均为负值，每股净资产抵于股票面值，由于自然灾害、重大事故等导致上市公司主要经营设施遭受损失，公司生产经营活动基本中止，在3个月以内不能恢复的。[①] 从相关规定来看，被戴上ST"帽子"的上市公司多是处于财务困境或经营困境。因此从某种程度上讲，ST上市公司最大的问题是亏损和债务，在沪深两市1500多家上市公司中，戴上ST帽子的上市公司有100多家，其中净资产为负数即资不抵债的ST上市公司近40

---

① 参见上海证券交易所上市规则。

家。^①而按照有关研究者的分类,上市公司的财务状况可以分为五类:财务闲置、财务充盈、财务均衡、财务困境和财务破产(吕长江,赵岩,2004)。对于进入破产重整的上市公司而言,其财务状况无疑多是属于后面两种情况。

对于处于财务和经营困境中的上市公司而言,要摘掉 ST 的帽子,只有当经营恢复正常,或其净利润转为正值后才可能向证券交易所申请撤销特别处理。因此,在上市公司破产重整中,第三方想要实质性地达到"借壳"上市的目的,就需要解决上市公司的财务或经营问题,而这种经营能力的恢复也与破产重整程序恢复债务人经营能力的目的相一致。在市场竞争较为激烈的环境下,当上市公司净资产为负数时,想要扭亏为盈,并且使净资产变为正数,更是需要较好的经营机遇和足够充分的时间。这些对于 ST 上市公司而言无疑都是很难达到的目标,况且当达到最近连续 3 年亏损的条件时,上市公司还面临着被暂停股票上市的决定,这对于处于困境中的上市公司而言无疑是雪上加霜。

而当进入破产重整程序以后,不仅可以在一定程度上得到债务的豁免,更重要的是,在引入第三方"借壳"上市的同时,在执行破产重整计划时,第三方作为对价往往会为困境中的上市公司带来优质的资产或直接注入资金。这种模式不仅可以有效地解决上市公司的财务困境,使其在短时间内财务利润变为正数,实现扭亏为盈的目标,从而摘掉 ST 的帽子,而且更为重要的是,第三方带来的资金和优质资产也为上市公司恢复正常的经营能力打下了坚实的物质基础。

对于政府等公权力机构而言,由于进入破产重整程序的上市公司,往往已经面临被退市甚至破产清算的危险。在保留上市公司"壳资源"的政策下,政府无疑希望能通过破产重整迅速摘掉 ST 上市公司的帽子。但需要注意的是,经营状态是一种动态的过程,若破产重整计划仅仅涉及第三方资金的注入,在某个时点上解决了上市公司的财务问题,而未能为其接下来的经营能力恢复做准备,这或许能达到摘掉 ST 帽子的目的,但最终仍然会使上市公司重新陷入更大的财务和经营困境。因此,政府在上市公司破产重整计划的制定和执行过程中,除了要解决眼前的退市或破产清算的风险外,要想真正地挽救稀缺的上市公司资源,还需要在恢复上市公司经营能力的政策引导下,考虑上市公司摆脱困境后经营能力的实质性恢复问题。这样不仅符合破产重整程序的立法价值要求,还能在真正意义上保住上市公司的稀缺资源。

---

① 参见韩传华.破产重整给 ST 公司带来机遇[N].中国证券报.2008 年 4 月 24 日(A05).

本章小结

　　虽然破产重整程序在我国产生的时间并不长，但就实践来看已经在个案中取得了较高的成功率。这种高成功率作为我国上市公司重整实践的一个显著特征，一方面是由于我国上市公司"壳资源"具有稀缺性，在市场经济环境下，任何有利用价值的资源都会得到充分的运用。因此当上市公司面临退市风险乃至破产清算的可能时，总会引起希望寻求一种更为便利的方式进入中国证券市场的第三方投资者的注意，而破产重整程序则提供一条新的"借壳"上市的途径。除上市公司"壳资源"的因素外，另外一个方面也在于政府等公权力部门对上市公司破产重整的积极介入。在政府介入的情况下，由于政府的特殊地位，其在破产重整计划制定到执行的各个环节促成主体间的利益平衡方面起着积极作用。但由于公权力天生的扩张性和强制力，也会使政府在保住上市公司"壳资源"等经济利益的驱动下，通过破产重整程序损害部分主体的利益。因此为了保证破产重整程序的顺利运行，实现其保护社会整体利益的立法价值目标，同时又能有效地制约和引导政府等公权力机构的介入行为，需要求政府在上市公司破产重整计划制度中的介入行为遵循一些有着积极作用的政策。而根据所涉及的层次不同，这些政策可以分为原则性政策和具体政策导向，两者共同构成了上市公司破产重整中政府行为的政策体系，并且在实践中与破产重整计划制度相结合，引导和影响着相关的政府行为。

第三章

我国上市公司破产重整计划中的利益主体

随着社会经济的发展，特别是生产力的发展人类的活动在空间上得到极大程度的拓展，人类生活中的相互作用和主体间的交流也得到进一步的加深。在初民社会中，或许是因为最直接的生存本能导致了某些需要的产生，当进入市场经济时代后，这种需求在一定程度上被物质化，表现为各种形式的利益需求，而经济越是高度发展，各主体间的利益需求就越是复杂交错。在这种日益复杂的利益关系中，各类主体间的利益冲突不可避免。而要维持一个经济体系的健康有序发展，必须有一个具备足够普遍性和强制力的机制来调解和平衡这种可能出现的冲突。从这一点来看，目前人类社会的发展表明，法律无疑是一种合适的调解和平衡机制，因此"法律的主要作用之一就是调和一个社会中相互冲突的利益。无论是个人利益或社会利益。"[1]

当人类社会发展到一定程度时，出于集中经济力量和有效控制风险需要而产生的公司，不仅是现代经济社会中最普遍、最有效的一种经济组织形式，而且随着规模的扩大，融资能力的增强，其还成为了市场经济各利益主体的一个利益集合主体。在现代社会的公司中，上市公司由于通过证券市场进行了融资活动，其涉及的利益关系通过证券市场融资活动得到了相当程度的扩大。因此较普通的非上市公司，各国都对上市公司有一整套特殊的规定或更严格的公司治理要求。上市公司这种涉及利益主体的复杂性和多元性，使其无论是在正常的经营过程中，还是在陷入困境进入破产重整程序时，都存在着诸多利益主体间的冲突和协调。

---

① ［美］E.博登海默.法理学：法律哲学与法律方法［M］.邓正来译.北京：中国政法大学出版社，1998：398.

第一节　上市公司破产重整计划中的利益关系

上市公司处于正常的经营状态时，其所涉及的诸多利益主体因利益需求的不同，在公司的运营过程中会产生冲突与矛盾。当然，冲突并不是目的，要维持公司的正常经营最终必须在这种多方冲突中达成一种平衡。其中对内的利益冲突，其平衡往往通过公司的治理机制来实现；而对外的利益冲突，其平衡则多通过契约的达成和政策或法律的规范来实现。

在上市公司正常经营的情况下，虽然利益主体的冲突无处不在，但公司自身的利益平衡机制还可以正常运作。一般来讲，只要公司内部管理正常，对外经营持续有效，就可以有效平衡各方利益主体的冲突。在上市公司正常经营的情况下，良好的利润收入或财务状况也可以在一定程度上满足各方利益主体的需求。但若上市公司出现财务困境或丧失经营能力，乃至陷入可能被破产清算的情况时，此时一方面公司本身的利益平衡机制可能已经无法有效地运作，所以才导致了利益冲突的这种不可调和性；另一方面，此时的公司的盈利能力往往已经出现问题，在缺少足够的经济实力支持的情况下，各方利益主体的需求较正常情形下更难得到满足。因此，当上市公司进入破产重整程序后，由于自身运作机制的变化，以及破产重整程序中各主体利益需求的变化，会导致不同的利益冲突局面。

一、进入破产重整程序后利益关系的变化

上市公司进入破产重整程序后，公司的运作情况及主体的利益需求已经发生了很大变化，这种变化无疑会影响到上市公司所面对的内外利益关系。具体而言，可分为内部利益关系的变化和外部利益关系的变化。

（一）内部利益关系的变化

就进入破产重整程序后的上市公司而言，因为债权人会议制度的成立，破产管理人的介入以及原有公司治理运作模式的变化，使上市公司的内部利益关系较正常经营情况下发生了较大的变化。

首先，在正常经营情况下，公司治理的运作一般在股东和管理层之间完成，

若有建立职工参与机制，公司职工也能在一定程度上参与其中。从理论上看，在这种模式下，公司的最终控制权基本上由股东享有。尽管对于上市公司这种股权可能较为分散的公司而言，在实践中公司的控制权实质上或许会被管理层掌握，但就法律规定而言，其最终的控制权仍然是赋予股东。当进入破产重整程序之后，在股东会和管理层之外还出现了债权人会议制度以及该制度的常设机构——债权人委员会。当公司处于正常经营状态下时，公司的资产和收益大于公司的负债，股东有收取剩余收益的可能。当公司步入破产重整程序后，一般是已经出现了财务困境或已资不抵债，在此情况下若按照破产法分配财产的顺序，股东一般是无法受偿的，而债权人实际上也无法再通过原有的契约来维护自身的利益，因而成为实际上的剩余价值索取权人。与公司正常经营时不同的是，此时的债权人已经由利益相关者直接介入公司的破产重整事务中，并且在一定程度上决定着重整是否成功。与债权人权力扩张相对应的，其所持有的债权本身则在权利行使方面受到法律的强制性限定，比如所有债权人必须依法申报债权，而在破产重整期间，其无法依照与公司的原有契约行使权利，只能按照法院批准生效的破产重整计划实现权利。

其次，与债权人成为实际上的剩余价值索取权人相对应的，进入破产重整程序后，除了传统的"三会"设置外，还会出现债权人自治机构，即债权人会议及其常设机构债权人委员会。作为债权人自治的一种基本形式，债权人会议作为一种意思表示机关，为每个债权人平等行使权利提供了平台和保障。在表决通过了破产重整计划后，计划的执行一般也需要较长的时间，在该过程中债权人会议也应成为维护债权人利益的重要机构。同时，由于其并非一个常设的机构，为在破产重整计划的执行期间仍然可以及时有效地保障债权人利益，其可将权力概括地授权于债权人委员会。

再次，随着债权人介入公司内部治理，在进入破产重整程序后，公司股东及管理层丧失了对公司的部分控制权。在破产重整计划通过前，对公司债权的核查，破产管理人的选任及监督，决定公司是否继续营业，以及对破产财产的管理，这些事关公司命运的事项都属于债权人会议的职权范围。尽管按照我国破产法的规定，在破产重整计划的表决环节，当涉及出资人权益的调整时，股东有权参与表决，但这种有限的参与，与公司正常经营时股东或管理层对公司的控制权已不可同日而语。而在通过了破产重整计划后，对于计划的执行，虽然执行的主体有可能是债务人自身，具体的执行人员可能会包括原有的公司管理层人员，但此时债权人仍然对计划的执行享有相当程度的监督权利。

最后，公司职工的角色发生了变化。在公司正常经营的情况下，职工要么和公司形成纯粹的劳动契约关系，要么按照职工参与制度，一定程度地介入公司治理中。而一旦公司进入到破产重整程序中后，由于职工与公司的劳动契约关系所形成的债权，使职工成为公司破产重整意义上的债权人。这样职工可以通过自己所持债权的份额，按照法律的规定在债权人会议中行使自己的权利。同时，由于我国特殊的社会经济、政治背景，对职工利益的保护有着特殊的政策倾向。在新《破产法》起草期间，破产财产的分配顺序中职工工资债权的排序问题就曾经引发了相当多的讨论和争议，而对于我国的上市公司而言，由于很多公司上市以前就具有国资背景，在上市以后国有资本在其股权结构中也往往占有较大比例，因此在实践中，处理该类困境企业无论是破产清算还是破产重整，职工工资及安置往往是首先需要考虑的问题。

（二）外部利益关系的变化

上市公司进入破产重整程序后，由于债权人成为实质上的公司剩余价值索取权人，并且通过债权人会议及债权人委员会的机构设置，充分介入了公司在重整期间的运行之中。因此，作为在正常经营情况下的利益相关者，债权人和职工实际上此时已经介入重整公司的内部利益关系中。此外，由于上市公司的生产经营以及在资本市场上的融资功能受到一定的限制，因此在破产重整期间，上市公司与其外部市场的利益关系有着明显的变化。

首先，就证券市场而言。上市公司正常经营时，股票价格根据市场的供求关系上下波动。一般而言，在宏观经济正常的时期，那些业绩较好，信息披露较为完备真实并且有着良好治理结构的上市公司，更易受到股票投资者的青睐。也正是这个原因，很多上市公司为解决两权分离所带来的代理问题，对管理层采取股票期权的激励方式。只有在公司股票上涨到一定价位后，管理者才可以行使手中所持的公司股票权利，这样将股票价格上涨和公司业绩挂钩，以期望解决管理层与股东利益目标不一致的问题。而当上市公司陷入困境后，若该公司仍然按照相关规定如实进行信息披露，那么糟糕的业绩报告自然会对股票的价格造成影响。根据我国特殊的退市风险警示制度，上市公司在进入破产重整程序前，往往已经戴上了 ST 甚至 PT 的帽子，其每日的涨跌幅度受到强制性限制。而当上市公司进入破产重整程序后，按照交易所的相关规定，在实践中一般会暂停股票的交易。可以发现，在上市公司正常经营的情况下，证券市场与上市公司所涉及的各种利益关系往往由交易规律自主调解，相关规范的强制性规定一般只是着眼于交易安全及信息真实方面。而一旦上市公司经营出现异常，陷入财务困境，乃至进入破产重整程序有破产之虞，为保护证券市场上投资者的利益,交易所对上市公司的股票交易会采取一系列的强制措施,此时起到调节作用的为强制性的法律法规,起作用的是这背后的国家公权力的强制力。

其次,就经理人市场而言。对于职业经理人而言,其供职的上市公司进入破产重整程序,无疑对其名誉及职业生涯有着消极影响。在正常情况下,若企业状况不佳,职业经理人可以通过经理人市场需求更有利于自己人力资源发挥的平台,但在公司进入破产重整程序后,一方面会对职业经理人寻求新的市场造成障碍,另一方面如果公司重整失败而最终被破产清算,那按照我国公司法的强制性规定,对公司破产负有直接责任的公司管理者将会在一定期限内丧失某些管理职务的任职资格。所以,只要公司进入了破产重整程序,重整失败并不符合经理人的利益需求。同时,在破产重整计划通过批准后,债务人即公司也有可能来负责公司的重组与经营,来执行破产重整计划。[①] 在这种情况下,职业经理人仍然可以在一定程度上掌握公司重整的控制权,从而促使自己利益需求的实现。

最后,对于产品市场而言。由于公司的破产重整并非仅仅是为了满足债务的清偿,其最终的目的在于恢复公司的经营能力。所以,尽管在重整过程中,上市公司的经营能力由于没有完全恢复或许还不能展开正常的经营,但想要公司恢复正常的经营能力,一方面或许需要新的资本的注入,另一方面更重要的是在解决财务上的困境后如何调整企业发展方向,从而符合市场的需求。所以,重整的成功仍然和产品市场有着密切的联系。因为只有公司的经营方向符合了产品市场的需求,再次占据了一定的市场份额,才可以实现真正意义上的重整成功。

二、上市公司破产重整计划中利益关系的特点

通过上文的分析可以发现,当上市公司进入破产重整程序后,其涉及的利益主体和利益关系都发生了变化。如果说正常经营情况下,在公司治理的范畴内和在外部市场的竞争中,可以有效地调解上市公司所涉及的诸多利益主体,那么在进入破产重整后,因上市公司内部控制权、外部市场作用变化以及公权力的介入等因素,其涉及的利益关系体现在破产重整计划中,也会产生一些新的特点。

[①] 在立法及实践中,对于在破产重整中由谁担任重整人,负责重整计划的执行,有两种模式,即债务人自行管理模式和管理人模式。对于这个问题的思考和讨论将在后面的章节进行。

（一）资源的有限性和风险性

前文已经提到，在上市公司正常经营的情况下，良好的利润收入或财务状况基本上可以满足各方利益主体的需求，从而有效地缓和或平衡利益主体间的冲突。在一定程度上，人类及人类社会的活动都是和需求联系在一起的，对此马克思和恩格斯就指出：为了生活，首先就需要吃喝住穿以及其他一些东西。因此，第一个历史活动就是生产满足这些需要的资料，即生产物质生活本身。[①] 当然随着社会经济的发展，生产力的进步，在现代经济社会中的需求不会再仅仅局限于"吃喝穿住"，但这种需求的本质却没有改变，只是需求的对象发生了变化，从单一的生存物质资料需求发展到了包含各种经济活动所需的资源在内的多元化需求。"利益与需要有密切的联系，需要是利益的一般前提，没有需要就没有利益，而利益则是由社会主体的需要决定并为满足需要服务的，始终是需要在人的活动中表现和发挥作用的必要环节。"[②] 所以，上市公司所涉及的利益主体，在市场经济环境下所产生的不同需求，成为其之间利益冲突的根源。

无论这些利益主体的需求是什么，简单地说，都可以将这种市场中的需求描述为对其投入资源的利润回报。比如股东以资金对上市公司进行投资，其产生的利益需求是股份的分红或股价的上涨，而公司管理者投入了人力资源，其产生的利益需求是对其报酬的要求。上市公司在正常经营情况下，可以持续产生资金上的收益，这种收益作为一种资源，可以按照一定的制度或契约，在不同的利益主体之间进行分配。这种资源能够持续地保证利益主体的不同需要，这是平衡其之间冲突的最主要条件。而当上市公司进入破产重整程序后，一般已经陷入经营或财务困境，若在资不抵债的情况下，其所有的资源还无法满足各个利益主体的需求。另外，从破产重整计划制定到执行的过程中，其生产经营处于非正常情况，或许在一定条件下能进行经营，但也无法与正常情况下的经营程度相比。但是，如果破产重整计划执行成功，公司恢复正常经营状态，其经营所带来的资源可能又将满足各个利益主体的需求。可以预期的是，当上市公司进入破产重整程序后，其在破产重整计划执行期间所能用于在各个利益主体间分配的资源是相当有限的，而根据一些程序性规定，在此期间某些主体的利益需求还会受到压抑。同时，由于我国上市公司特殊的历史背景，进入破产重整程序的上市公司可能已经濒临破产，从程序的转化来看，一旦重整不成

[①] 中共中央马克思恩格斯列宁斯大林著作编译局编译.马克思恩格斯全集（第3卷）[M].北京：人民出版社，1960：31-32.

[②] 王勇飞，王启富.中国法理纵横[M].北京：中国政法大学出版社，1996：158.

功，则有面临破产清算的风险。一旦进入到破产清算程序，各主体的利益分配有着严格的法律程序规定，而上市公司仅有的资源在此时往往也很难满足所有利益主体的需求。

（二）利益目标的多元性

在上市公司的正常经营状态下，虽然各个利益主体的具体需求有差异，但其利益最大化却是建立在一个共同的目标之上，即公司经营利润的最大化。就上市公司而言，无论是管理层的报酬或股票期权，股东的分红还是证券市场上股票价格的上涨，都与上市公司的业绩密切相关。因此，尽管各利益主体的具体需求有所不同，但其最终的目标追求却有着一致性。

当上市公司进入到破产重整程序后，由于重整制度的目标并非保护某一主体的利益，为了平衡各方利益，从而达到社会整体利益保护的目的，在破产重整计划的制定和表决时，必然会产生个体利益与整体利益，近期利益和长远利益间的冲突。原因在于，当进入破产重整程序后，若重整成功，各个利益主体的需求未必能得到最大化满足。就上市公司的内外利益主体而言，破产重整成功后获益最大的无疑是公司股东。因为一旦重整失败，导致上市公司的退市甚至破产，股东所持有的股票价值不仅会大幅度地缩水，而且在破产清算的情况下，股东的受偿顺序被法律规定为最后一位，在实践中几乎不会得到任何实质性的受偿。对于通过证券市场投资而持有上市公司股票的投资者而言，重整成功意味着其持有的股票会大幅度上涨，而一旦失败其投资必然会损失惨重。公司的管理层在一定程度上和股东有着共同的利益目标，因为重整成功不仅意味着其作为职业经理人的声誉的挽回，同时在理论上还可以在一定程度上保持其在公司内部的控制权。[①] 因此，重整成功符合股东和管理层的利益需求。

除股东和管理者外，对于债权人而言，进入破产清算程序后的分配顺序不同，对于有担保的债权人，其债权利益由于有担保物的保证，就算在破产清算程序中也容易得到足额的清偿。反之，当进入到破产重整程序后，在重整期间，无论其债权的行使还是担保权的行使都会受到限制，而一旦重整失败，还可能承受其他成本。因此在实践中，有担保的债权人更倾向于依照契约或法律赋予的担保权，通过对担保物的出售来实现自己的债权，破产重整并非该类债权人

---

① 如果上市公司的重整演变为某些投资主体的"借壳上市"，则可能发生股权的置换，或控股股东的变化。在此情况下，重整成功则多意味着将要更换公司管理层。这种情况下，原控股股东和原管理层的利益会发生变化。

的最优选择。而对于普通债权人，由于其缺乏担保物权的保障，以及在破产清算中的顺位较为靠后，若重整不成功，其债权利益的实现会有较大风险，因此重整是对其较为有利的选择。对于上市公司的职工而言，重整成功意味着可以保持自己的工作机会，若重整失败，其所持有的工资债权在破产财产分配中顺位较前，一般而言可以受偿。在实践中，由于上市公司所涉及的职工人数较多，社会影响较大，在职工工资问题以及工作机会上都会引起当地政府的重视，这也是我国国情所决定的。

（三）利益冲突调节中的公权力色彩

前文已经提及，在进入破产重整程序后，上市公司所涉及的利益主体可能会出现需求或目标不一致的问题。与破产清算和破产和解所不同的是，由于破产重整程序着眼的是社会整体利益，其所追求的制度目的本身就包含了对各方的利益兼顾。然而这种兼顾，在破产重整计划的制定和表决阶段，必然会带来利益上的激烈冲突。虽然在破产清算中也存在利益冲突问题，但法律对破产财产分配的强制性规定，在一定程度上限制和降低了冲突的程度。但在保护社会整体利益的制度目的下，破产重整程序中无法对各类主体的利益做出一个统一的分类或排序标准，如何把握这种对各方利益的“兼顾”，在实践中则需要根据具体的实际来灵活把握。

上市公司在正常经营情况下当然也会存在利益冲突。虽然对于如何调节这些利益冲突，法律或相关行政法规有一些规定，前者如公司法及证券法中对公司治理结构、公司公开发行股票等方面的规定，后者如证监会及证券交易所对股票上市交易、上市公司信息披露的内容和程序等方面的规定，这些强制性的规定在一定程度上对利益的冲突能够起到调节作用，但不可否认的是，其更多着眼于交易安全的保障以及公共利益的保护。对于发生利益关系的单独个体而言，双方或多方更多的是依靠意思自治所形成的契约关系来完成对双方利益的调节。无论是证券市场上上市公司股票的交易，还是在公司内部股东对管理层所形成的激励机制，虽然都是在法律的强制性框架内进行的，但最终利益关系的形成仍是建立在主体意思自治的基础上。

当上市公司进入破产重整程序后，这种建立在各个主体意思自治基础上的利益冲突调节机制发生了变化。首先就破产重整程序本身而言，在程序的启动及各个环节的推动中，司法权力起到了关键的作用。虽然按照法律规定也存在当事人的自治，如有权申请公司破产重整的主体一般为债务人（即公司）、债权人股东等，法院无法依职权启动程序；破产重整计划的制定一般情况下由重整人负责，也需要按照法律规定进行分组表决。但破产重整程序启动的裁定，破产重整计划的批准以及在特定情况下的强制批准等问题也是由法院进行裁定。因此，司法权力在整个破产重整过程中，特别是在破产重整计划生效的环节，对程序的推动作用是相当明显的，其不仅仅是消极地处于中间地位裁判，更有利于用职权进行积极干预的空间发挥。其次，由于我国上市公司所处的特殊社会经济环境，从上市开始，政府公权力就有相当程度的介入。除法律或行政法规的部分强制性规定外①，在实践中，上市公司往往对其所在区域有着相当程度的社会经济影响，因此从上市公司进入破产重整程序开始，地方政府就不可能袖手旁观。对于破产重整计划的内容而言，从新的投资者引进到对职工问题的解决等问题虽然表面上或许都是当事人意思自治的结果，但其中的过程都会有公权力介入的痕迹。因此，不可否认的是，上市公司进入重整程序后，对破产重整计划中各个主体利益冲突的调节，公权力的介入起到了重要的作用。这一方面是由于破产重整的制度目标和程序特征所决定，另一方面也和我国上市公司及证券市场特殊的历史发展背景有关。

第二节 对具体利益主体的分析

在实践中，上市公司破产重整计划从制定到最后的执行是一套复杂的流程，在整个程序过程中参与的主体众多。除上文分析中有所涉及的相关利益主体外，在进入到破产重整程序后还会有专业中介机构或从业人员的加入，这部分人员也会存在利益需求的问题。为实现保护社会整体利益的制度性目标，在上市公司破产重整的过程中，对各类主体的利益需求很难做出一种顺序上的取舍。同时许多利益主体的利益诉求在破产重整程序中实质上又受到了一定的限制，而破产重整程序存在无法排除的风险和成本也在一定程度上影响了主体的利益选择和决策。具体而言，从理论分析和实践观察出发，在上市公司破产重整计划制定等环节中涉及的具体主体一般有：传统的利益主体即债权人、债务人和股东；因我国特殊社会经济背景以及政策要求所导致的被特别关注的利益主体，即公司雇员和以政府为代表的公权力机构；因上市公司在实际经营过程中所形

---

① 这种强制性规定除破产法外，还有证券法及证监会相关行政法规，如其中关于暂停上市公司股票交易等规定。

成的利益关系，以及破产重整程序专业性所带来的各类利益主体，这类利益相关者包括消费者、各类专业人员等。

一、债权人

在整个破产法律制度的发展过程中，债权人的利益始终是一个相当重要的问题。而站在一个比破产法律制度更高的角度上讲，有学者认为民商法作为私法的代表，对债权人利益的保护始终是其长期不懈的追求和义不容辞的责任，债权人的债权必须得到清偿，这是私法的根本任务和崇高追求（汪世虎，2006）。但不可否认的是，在破产重整程序中，债权人权利的行使受到了一定的限制，同时与在破产清算程序中所不同的是，虽然在破产清算中债权人的权利行使也受到限制，但这种限制的目的是为了保证债权人的公平受偿，而破产清算最终的目的也是为达到债务的清偿。当然破产重整成功后，公司恢复正常的经营能力也可以使债权人的利益得到实现，但这仅仅是破产重整的目标之一。对于社会整体利益的保护而言，债权人一定程度的让步似乎是必须的，甚至有学者认为重整制度是通过旨在贬低债权人的程序地位来挽救困难企业，实现社会整体利益的最大化（冯果，1997）。当然这并不意味着债权人的利益在破产重整计划中变得并不重要，从各国的重整实践来看，一般地说，凡是重整制度设计上对债权人利益保护较为充分的国家，其重整成功率就较高，反之就较低（汪世虎，2006）。因此，在上市公司破产重整计划的制定、表决等阶段，债权人的利益以及不同债权人之间的利益冲突，对重整的成功也至关重要。

对于公司债权人的分类，有学者从公司法角度将其分为三类，第一类是主动债权人，指基于与公司主动谈判与协商而产生的债权人；第二类是被动债权人，指可归责于公司的侵害行为而享有请求权的债权人，如公司侵权的债权人；第三类是社会债权人或称法定债权人，如劳动债权人、税收债权人（汪世虎，2006）。这三类债权人中，劳动债权人实质上可属于职工的范畴，税收债权则可纳入政府等相关公权力机关的利益之列。而主动债权人又可以划分为有担保权等优先权的债权人和普通债权人。

首先，对于有担保权等优先权的债权人而言，其债权利益由于一般有担保物的保证，就算在破产清算程序中也容易得到足额的清偿。而有其他优先权的债权人，如海商法上的船舶优先权，其债权因有法律强行规定的保证，其债权也能得到保障。在正常经营情况下，债权人或许不需要依靠担保物的保障即可实现自己的利益，但当公司陷入困境后，公司为寻求资金的注入，其资产可能会被较多地用于贷款的抵押。在这一点上，上市公司也不例外。除上市之初第一次发行新股外，虽然其可以通过在证券市场上增发股票的方式募集资金，但相关的法律对增发股票有着严格的规定，其中最重要的一点就是对上市公司盈利状况的要求，而对于那些已经陷入经营或财务困境的上市公司而言，无疑很难符合该要求，因此一般都是寻求银行贷款。所以在实践中，有担保权等优先权的债权人主要为银行，而且其债权所占的份额在该类债权人中往往较大。这为在实践中调节该类债权人与普通债权人之间的利益冲突提供了一种现实上的便利。当然由于在上市公司破产重整中存在的政府行为，金融债权虽然可能有担保权利在手，但也有处于博弈劣势的风险。如有研究指出，根据近年来破产债权清偿情况，地方政府出于维稳需要，对职工、消费者等民生领域的权利保障较为周全，但由于过去几十年政策性破产的历史影响，金融机构的金融债权往往被地方政府和地方法院作为缓解社会矛盾的维稳调节杠杆。①

其次，对于普通债权人而言，由于其债权没有担保权等优先权利的保障，当上市公司陷入经营或财务困境后，其债权往往很难得到足额的清偿。特别是一旦进入破产清算程序后，普通债权人的受偿顺序在有担保权的债权人之后，在实践中甚至经常会出现零受偿。就这一方面而言，普通债权人的破产重整动机往往要大于前一种债权人。从理论上讲，一旦重整成功，随着公司经营能力的恢复，其偿债能力也会得到加强。但就我国的上市公司而言，其破产重整不一定仅仅有恢复经营能力之目的，在很大程度上还包括了借壳上市的意图。对于新的注资方而言，自然是希望所借的"壳资源"负债较少，甚至是达到净壳的程度。② 这样，对于普通债权人而言，在上市公司的破产重整计划中对债权清偿的方案设计时，其债权的清偿也可能出现"打折"的情况。但对于处于困境中的上市公司而言，其债权人特别是普通债权人，由于在破产清算程序下其受偿率过低，只有在破产重整程序中其受偿率能更高，债权"打折"的结果也是可以接受的。当然在实践中，这种"打折"并不一定能确保普通债权人的经济利益最大化。有研究在对 47 家上市公司破产重整进行比较分析后指出，虽然在绝大多数上市公司重整中对股东权益进行了调整，但是对股东的权益调整不一定能保证普通债权人的利益。股东权益的调整相比普通债权人的清偿比例，

---

① 刘毅、沈佩仪.勃兴下的隐忧：勃兴下的破产重整中的金融债权保护之不足与完善［A］//王欣新.破产法论坛（第十四辑）［M］.法律出版社，2019：105.

② 在实践中，出于保证上市公司"壳"净价值的需要和为了更吸引新的投资方，从而增加重整成功可能的考虑，已经出现了成立第三方承债公司，剥离上市公司原有债务的做法。

其调整程度显然还不够，重组方或新股东能得到较大收益，而以普通债权人损失为代价（李颖，2017）。

最后，对于被动债权人而言，我国的法律对该类债权人，特别是因公司侵权所产生的债权人关注较少。在人类社会进入 20 世纪以来，特别是第二次世界大战以后，随着科学技术和现代文明的不断进步和发展，社会生活中的危险和损害与日俱增，无形的、不可预测的风险无处不在，随时可能造成严重灾害（北川善太郎，1997）。对于上市公司这种大型企业而言，在市场经济中，特别是面临消费者时往往处于强势地位，极有可能发生群体性侵权行为。在破产清算程序中，我国破产法未赋予侵权之债的债权人于财产分配中的优先权，而在破产重整程序中也未就侵权之债作出特别规定。因此，从我国立法上看，被动债权人实际上是处于普通债权人的范畴。这种"将具有自愿属性的合同之债与具有'非自愿'和'不可预见'属性的侵权之债放置在同一个平衡称上，必将在两者之间产生厚此薄彼的失衡待遇。"[1] 应该说，对于被动债权人的利益保护问题，就我国目前的立法而言，无论是在破产清算程序还是在破产重整程序中都没有得到很好的解决，而在上市公司的破产重整计划中也少有涉及该类债权人的利益问题。

二、债务人

与债权人相反的是，在破产法的历史发展中，对债务人的利益保护是逐步得到法律认可的。应该说破产法的发展是有着自身的历史逻辑的，总在不断的演进之中。[2] 其立法价值由完全保护债权人利益到债务人利益的兼顾，虽然发展出一些保护债务人利益的制度（如破产和解），但对于债务人而言始终处于一种消极地位，即配合债权人或管理人做好资产的清核作用，最后按照法律规定的顺序清偿债务。这种模式的最终也是一种消极的结果，即债务人主体地位的消失。但对于破产重整程序而言，其制度的目的在于恢复债务人的经营能力，产生的结果自然也是积极的。从这一点来看，破产重整本身就带有对债务人的激励作用。以美国为例，破产重整基本上都是由债务人所发动，债务人更愿意通过破产重整而继续对公司进行经营管理。[3] 因此在破产重整计划制定等环节

---

①　韩长印. 破产优先权的公共政策基础［J］. 中国法学. 2002（3）：34.

②　See Janette J. Anderson. Bankruptcy For Paralegals［M］. Prentice Hall Inc，1997：11.

③　See Jagdeep S. Bhandari，Lawrence A. Weiss. Corporate Bankruptcy-Economic and Legal Perspective［M］. Cambridge University Press，1996：223.

中，由于债务人的最基本利益，即主体资格有得到保留的可能，所以其有积极主动提起并促成重整成功的动机。而对于我国的上市公司而言，由于其上市资格的稀缺性，公司"壳资源"的保留成为债务人最大的利益目标，同时也是债务人在制定破产重整计划过程中的最大谈判资本。

当进入到破产重整程序后，从债务人的角度出发，自然是希望由其来扮演重整机构的角色。从实践的角度来看，由于公司的经营具有持续性，若由第三方在破产重整期间来介入公司，履行重整计划，不仅成本更高，而且由于原来信息获取的不完整性，重整失败的风险也可能会更大。在美国破产法第11章中，重整机构就被直接称为"占有中的债务人"，债务人在案件申请后即可取得"占有中债务人"的地位，有权继续经营企业。[①] 与美国不同的是，英国1986年破产法虽然学习了美国的重整制度，但在重整机构的选任上却根本没有债务人自行营业的授权。因此在英国，债务人无法像在美国那样自动成为重整人，重整机构必须是依管理令所任命的管理人，而这些管理人基本上都是公司外部管理人士（张世君，2006）。

在我国的破产法中兼顾了两种模式，采取的是一种选择性规定。在该规定下，债务人有机会成为重整人，继续行使经营管理权。债务人保持有公司的经营权利或许会带来重整成功率的提高，但不可否认的是，当上市公司陷入困境后，无论是债权人还是证券市场上的投资者都可能已经对债务人丧失了最基本的信任和认可。在此情况下，破产重整计划的执行若仍由债务人制定或执行，则可能在一定程度上加剧利益主体间的冲突。因此，债务人与其他利益主体间，在重整人的担任问题上无疑容易产生不同的选择和倾向。

三、股东

在上市公司正常经营的情况下，公司股东在理论上对公司享有剩余价值索取的权利。在实践中，由于我国上市公司的特殊历史背景，对于其中的大股东而言，其对上市公司所享有的绝对控制权，不仅可以使其对公司管理层的控制加强，在某些情况还可以利用这种控制权从上市公司中转移资源，使其获得额外的控制权收益。而当公司陷入困境甚至进入到破产清算程序时，由于此时公司的资产状况已经无法清偿全部债务，股东作为最后一位的财产分配主体，已经无法再享有任何财产上的利益。

[①]　See U.S.C（2000 Edition），Title 11，Section1101，1107，1108.

　　当进入破产重整程序后，由于最终的目的在于恢复债务人的经营能力，因此股东可以享有重整成功后所带来的利益。但破产重整程序保护的是社会整体利益，所以在重整过程中股东原有的控制权必然也会受到限制。对此有学者指出，美国通过法院的实践，限制股东通过行使公司正常经营时的控制权来干预公司重整。如果公司处于资不抵债的状态，则股东没有控制权，即"资不抵债"标准；另一标准即"明显滥用"标准，即在公司有偿付能力的情况下，是否限制这种控制权的标准在于股东是否在行使控制权时构成"明显滥用"（贺丹，2010）。这种对股东控制权的限制必然会影响到股东在重整过程中的利益诉求，但在保护社会整体利益的目的面前，这种限制又是必要的。特别是在我国上市公司"一股独大"的局面下，许多陷入困境的上市公司中本身就很有可能伴有大股东非法侵害其他利益主体的行为，因此在重整过程中为兼顾保护到其他主体的利益，有必要限制股东原有的控制权。

　　除对控制权的限制外，在我国的上市公司破产重整中，最终的目标多落脚在保住上市公司的"壳资源"上。在利用破产重整程序"借壳上市"的情况下，在破产重整计划中必然会涉及上市公司股权结构的变化。有研究对2007~2017年进行破产重整的51家上市公司展开了梳理，其中有44家上市公司进行了出资人权益调整，另外7家上市公司并未对出资人权益进行调整。出资人权益进行调整的案件占比86%，出资人权益未进行调整的案件占比14%（曹文兵，2018）。这对于其中的控股股东而言，意味着让渡出其部分股权，放弃控股地位，甚至从上市公司中退出其全部股份。此种情况下，法律也考虑了原股东的利益保护问题，如我国破产法就规定若破产重整计划涉及出资人权益的调整，在表决时股东可作为专门的一组进行表决。

　　此外，对于上市公司破产重整中的"借壳上市"这一具有中国特色的实践，不仅涉及原有股东和新引入的投资方的利益冲突问题，而且对通过证券市场而持有公司股票的投资者利益而言也是有着极大影响的。若新投资者注资成功，可以在短时间内迅速改善公司的财务状况，从而摘掉 ST 或 PT 的帽子，这无疑会对股票价格的上扬起到明显的推动作用。

四、雇员

　　从广义上讲，雇员因为公司拖欠其工资可能成为公司的债权人。但与普通债权人所不同的是，在破产清算程序中，法律在最终的财产分配环节赋予了这种工资债权较靠前的受偿顺序。在我国传统的政策导向下，雇员的利益在破产清算中往往是放在比较关键的位置，特别是在国有企业的破产中，妥当地安置职工往往是破产的前提条件。对于我国新《破产法》而言，其在颁布前也因为职工工资债权和担保债权间的优劣问题发生过激烈的争论。但与破产清算程序所不同的是，破产重整程序不仅仅是局限于债务的清偿。在破产清算中因为最终的破产财产有限，职工债权的受偿顺序将会在很大程度上影响到其利益的实现。在破产重整程序中，最终的目的并非是使用公司的资产对债务进行清偿，而重整成功后，公司经营能力的恢复也意味着公司生产经营的正常化，雇员在一定程度上有希望保有其工作机会。

从世界各国的立法来看，重整机构享有财产的使用与处分权、企业的经营管理权、劳动人事的任免权等多项权利。由于债务人企业在重整期间必然会根据经营的状况进行人事以及用工的调整，如人员的辞退裁减（张世君和张冬梅，2007），而在我国上市公司的破产重整实践中，一旦新的投资方"借壳上市"成功，可能还会引发对上市公司原有经营方向甚至产业的调整，这可能会造成更大程度的用工变化，因此，尽管破产重整较破产清算可以保住债务人的主体资格，从而增加雇员的就业以及其工资债权受偿的机会，但若不赋予雇员参与重整的权力或机会，就算重整成功，其利益仍然有可能受到侵害。对于这一点，国外有学者根据各国的通常做法，指出在破产重整程序中，雇员主要通过两种方式参与其中，即通过工会或代表参与重整谈判，或在法律中规定债权人委员会中需有职工代表。[①]因此，在我国现阶段社会保障制度尚不完善，劳资双方地位不对等的现实下，在重整程序中，特别是在破产重整计划的制定中如何更好地保护雇员的利益，不仅对重整成功率的提高有帮助，而且对维护社会的稳定和谐也有着重要的意义。

五、政府及其他公权力主体

前文已经提及，由于破产重整本身的制度目标和程序设计，必然会产生公权力的介入。而有研究者认为，出于对重整中存在公共利益的考虑，政府在许多时候会介入重整过程。市场经济是企业重整制度存在的经济环境，政府的管制正是为了克服市场的失灵，破产重整制度设计本身就反映了政府对经济的管制（贺丹，2010）。由于破产重整程序的出现和发展是破产法立法价值向保护

①　See Janis Sarra. Creditor Rights And The Public Interest：Restructuring Insolvent Corporations［M］.
University of Toronto Press，2003：70-73.

社会整体利益转变的体现，其必然需要兼顾除债权人、债务人以外的其他主体的利益，这种兼顾的各方利益需求，综合起来和传统的公共利益肯定有交集。就破产重整计划中所涉及的单独主体而言，无论是债务的清偿、工作机会的保留、消费者的权益保护等利益需求都可以说是典型的私主体利益。但这些不同需求的私人利益，被集中在破产重整计划中集中解决，这种利益需求所产生的综合作用和巨大影响力就已经不能说是局限在单个的私主体之间了。

对此笔者认为，"公共利益"必然是与私人利益相关的，正如著名学者边沁所指出的那样，个人利益才是唯一实现的利益，社会公共利益只是一种抽象，不理解什么是私人利益，谈论公共利益就毫无意义。[①] 因此，在破产重整中，如果说有"公共利益"的存在，那么这种利益必然是建立在债权人、债务人、股东等私人利益基础之上的。换言之，从某种意义上讲，保护公共利益并不是目的，而是通过对公共利益的保护来更好促使私人利益的实现。在破产重整中，因为公司已经陷入困境，矛盾集中暴发，已经无法在私法领域依靠各个主体间的意思自治来实现各自的利益需求和达到利益的平衡。此时需要一种比私人意志更普遍或者更具有强制性的社会力量的介入，来调节各个主体间所集中爆发的利益冲突，从而在公共利益这种整体利益的框架内实现私人利益的需求。对于这一点，政府及其他公权力机关因为其职权以及拥有法律或社会所赋予的公权力，无疑成为扮演这一角色的合适人选。

除去政府或其他公权力机关的职责所需外，在上市公司破产重整中，由于我国上市公司的某些特殊性，还会导致政府的一些特殊利益需求。首先，由于我国上市公司中存在着大量的国有股东，特别是有相当部分还是属于上市公司的控股股东。在这种情况下，在上市公司的破产重整计划中一旦涉及股权结构的调整，就必然会影响到原国有股东的利益。其次，在我国上市公司借破产重整的渠道进行"借壳上市"的情况下，存在引进新投资者的问题。即使不存在国有股权的转让问题，在政府招商引资的惯有思维下，寻求新投资者时政府也会有积极的介入行为。而对于上市公司这种对地区经济影响较大的经济主体，任何一个地方政府都不可能会在新投资者引进时袖手旁观。最后，除纯粹的经济上的利益外，上市公司破产重整所引起的职工安置，地区产业的稳定与保存，乃至对一方政府的政绩影响等问题，都是政府或其他公权力机关可能积极介入上市公司重整的利益因素所在。而上述这些因素，再结合政府等公权力机关应有的职责，会对我国上市公司破产重整的政策导向产生重要而又特殊的影响。

---

① ［英］边沁.道德与立法原理导论［M］.时殷弘译.北京：商务印书馆，2000：58.

六、其他利益相关者

在上市公司的破产重整过程中，除前述利益主体外，还有一些利益相关者会介入其中。这部分主体有些在上市公司正常经营时就与之有着利益关系，而有些则是在破产重整程序中才产生的，这其中最典型的就是管理人。

管理人制度与破产重整程序一样，都是随着新《破产法》颁布而在我国诞生的一项新制度。管理人制度在国外已经有较为成熟的法律规定及实践，其制度上的渊源可以追溯到古罗马时代，即当时作为破产制度萌芽的概括执行中的财产托管人。在我国新《破产法》以前的立法中并没有引入管理人的概念，在新《破产法》中也没有使用"破产管理人"一词，而是在破产清算、破产重整以及破产和解中统一使用了"管理人"一词。对此，有学者指出，立法者作此规定的原因在于，破产程序启动后并不必然进入破产清算程序，而可能仅进入和解或重整程序，故为免混淆，不将统一适用于不同破产程序的管理人称为破产管理人（范健和王建文，2009）。

对于管理人的选任问题，按照我国破产法规定，管理人由人民法院指定，因此可以认为我国采取的是法院选任破产管理人的立法模式。在实践中，根据法院选任管理人的司法解释以及部分法院的实际做法，对于一般的破产案件，法院多采取摇号的方式选任管理人。而对于重大的破产案件，法院一般采取竞标的方式来确定管理人。对于何种机构或个体有资格来担任管理人，相关的法律和司法解释将担任管理人限制在几类特定的主体之内，即由有关部门、机构人员组成的清算组；依法设立的律师事务所和会计师事务所；破产清算事务所；社会中介机构中具备相关专业知识并取得执业资格的人员。同时上述主体担任破产管理人还需具备一定的任职条件。① 而为了有效地管理和规范法院的指定行为，《指定管理人规定》针对我国的具体情况，规定了由人民法院制定管理人名册。这样制定一个经审核、公开的管理人名册，可以消除法院管理人指定工作的盲目性和随意性，又可以为进一步完善管理人制度打下一定基础。② 就目前来看，各个省级区域内的管理人名册编制工作已基本完成，在实践中，无论是通过摇号还是竞标来选定管理人，都在管理人名册中产生。

通过上述规定和选任的程序可以发现，由于工作的专业性和资格认定的特

---

① 我国破产法第 24 条第 3 款，《指定管理人规定》中第 9 条、23 条和 24 条等规定中含有管理人任职的相关条件。

② 参见高院民二庭负责人就破产法司法解释答记者问［N］. 人民法院报 . 2007 年 4 月 17 日.

殊性，我国新《破产法》的颁布实际上导致了在该领域出现了管理人这一特殊的利益群体。在上市公司未进入破产程序以前，管理人并不与其发生利益关系，而一旦破产重整程序启动，按照法律规定法院必须为上市公司指定管理人。管理人介入上市公司破产重整，通过提供其专业技能而获得报酬。在破产清算程序中，管理人的报酬（包括执行职务的费用、报酬和聘用工作人员的费用）属于破产费用，在破产清算的程序中，可以享有优先的受偿权。在破产重整中，管理人所收取的费用，也是很重要的重整成本。而作为专业机构和专业人员，管理人在破产重整程序中的利益追求自然体现在费用报酬上。在困境公司资产相对固定的情况下，管理人的费用或报酬越多，其他主体的利益需求可能会受到影响。因此，按照我国法律规定，一方面管理人的报酬由法院决定，而非交由债权人会议决定，另一方面又赋予了债权人监督管理人工作的权力，以希望在管理人和各个利益主体间达成平衡。除费用和报酬问题外，在破产重整计划的执行阶段，我国法律是直接将债务人规定为执行人，而由管理人监督重整计划的执行。管理人应向法院提交监督报告，而重整的利害关系人有权查阅该监督报告。因此，管理人在整个重整执行的过程中，也与债权人形成制约的关系，并应当在各方利益的冲突间扮演一种中立公正的角色。

在上市公司的破产重整中，除管理人外，根据破产重整计划内容的不同，可能还涉及不同的利益相关者。比如在有新的投资者介入的情况下，新的投资方以及因经营方向变化而带来的新业务往来所涉及的利益主体。另上市公司破产重整中，若需要通过发行新的股票来取得融资，则又可能和券商、各类基金等主体发生利益关系。而对于上市公司的信息披露问题，我国新《破产法》并没有对上市公司破产重整规定专门的信息披露制度，但根据证券法等法律或行政法规，应当有专门的信息披露要求。各类接受信息的不特定主体（可能包括但不限于前文涉及的各类主体），可能会根据上市公司破产重整中所披露的各种信息做出经营或利益上的判断和行为，此时若信息披露不实或不完整，也可能损害相关主体的利益。

第三节　各主体间的利益冲突与平衡

由于上市公司的公众性，其所包含的利益主体和产生的利益关系，要远比有限责任公司这种封闭公司更为复杂，同时我国上市公司所处的特殊社会经济背景，又导致了公司在上市过程中以及此后的经营中存在一定程度的公权力利益需求。当上市公司陷入困境，甚至进入破产重整程序后，在资源有限的情况下，各类主体的利益冲突会在破产重整程序推动过程中变得更加明显或激烈。而破产重整的立法价值取向在于保护社会整体利益，因此在重整过程中，面对冲突时又不能仅仅侧重于保护某一类利益。同时我国公权力主体与上市公司本身就存在的各种利益关系，以及上市公司"壳资源"的稀缺性，也会造成我国上市公司破产重整计划中特殊的利益冲突和平衡局面。

一、利益冲突的表现及类型

根据前文对不同利益主体的具体分析可以发现，在正常经营情况下利益目标较为一致的各类主体，在上市公司破产重整过程中，其利益的需求发生了不同变化。而在有政府行为介入的情况下，这种不同的利益冲突变得更加多元化。各个主体的不同利益需求，其合法性基础就是体现在法律上的权利描述。对于政府而言，其在上市公司破产重整过程中，一方面有着权力的运作，另一方面也有着和其他私主体一样的利益需求。因此，从这一角度出发，可以将这些复杂的利益冲突分为三类。

首先是私权利之间的冲突。在上市公司破产重整计划中，不同主体利益诉求的背后都可以抽象出法律所规定的各种权利，特别是私法上的权利。比如债权人的债权，投资者的股东权，雇员所享有的工资债权，以及主体根据契约创设或法律赋予的其他各种权利。在上市公司正常经营的情况下，这些私权利的冲突和实现，都可通过意思自治基础上所创设的各种契约来解决。若一旦私权利没有实现，则可根据产生该权利的契约关系来解决，如要求对方承担违约责任等。但在上市公司破产重整程序中，这些私权利的实现在一定程度上都有所限制，这其中特别是对债权的限制最为明显。在这种限制之下，各主体间的私权利冲突虽然不会再通过意思自治的方式来体现，但在破产重整中仍有债权人会议和破产重整计划的分组表决这两种机制，使各利益主体有了一个可以表达、协商或者是妥协利益诉求的平台。以债权人为例，其在正常经营情况下民法意义上的权利，需要首先转变为破产重整程序中的权利。"债权者通过申报破产债权成为程序上的破产债权者（形式上的破产债权者），可以参与分配。未申报债权的人，即使是实质上的破产债权者，也不被视为程序上的破产债权者。"[1]

---

[1] ［日］石川明.日本破产法［M］.何勤华，周桂秋译.北京：中国法制出版社，2000：115.

而当权利转化后，债权人就依照该债权给其带来的表决份额，在上市公司破产重整计划的表决中通过法律规定的程序行使表决权。其余利益主体在破产重整程序中行使权利，实质上也基本和债权人一致。

其次是私权利与公权力运作之间的冲突，这种冲突分成两个方面。一方面是法律的强制性规定对私权利所带来的限制，这其中的典型例子就是对债权人权利的限制。如果说普通债权人，因为其债权无担保，一旦公司进入破产清算程序，其受偿的概率将会变得很小，因此其有着破产重整的利益倾向，那么担保债权人因为有着法定的别除权，其担保利益所指向的财产在担保价值内不纳入破产财产分配，因此其对破产重整不具有充足的利益动力，在某些情况下还可能反对进入破产重整程序。因此各国的立法都对担保权加以限制，但"基于重整之需要而对担保权加以限制，不仅是对民法担保物权制度基本原理的重大背离，同时也引发了保障重整程序发挥预期作用与保护担保债权人利益之间的剧烈冲突。"① 另一方面是在限制的同时，法律往往也会给予一定程度的保护。在美国破产法中就确认了担保债权人充分保护的原则，即在重整案件悬而未决期间，为弥补有担保债权人无法行使担保权的损失，补偿其担保利益之价值②，向担保人支付一笔现金或定期支付现金，其数额等于债权人在担保物价值上的减少，而当担保财产对重整没有必要时，法院还应当解除限制。③ 除上述法律对私权利的强制性规定外，这种冲突还体现在公权力在非法律范畴内运作时对私权利的影响。仍然以有担保的债权为例，在我国上市公司的融资途径中，除了证券市场外，一般都是通过银行贷款。而正常情况下，银行的贷款都需要提供物的担保，所以大量有担保的债权都属于银行贷款。在实践中，特别在进行分组表决时，由于我国银行与政府的特殊关系，银行往往出于各种考虑而会在一定程度上放弃相当部分债权利益，或者表决通过可能会影响其利益的破产重整计划。

最后是公权力运作之间的冲突。上市公司破产重整过程中，涉及的公权力主体众多，法院、政府以及证券监督机构是其中的代表。就法院而言，在重整过程中，其按照法律所赋予的职权依照法定程序做出各种裁定，从而推进破产重整的进度。应该说从理论上，法院在上市公司破产重整中所起到的作用及其司法权的运作都是要在法律的框架内进行，其具体的职能都在法律中有明确的

---

① 张世君. 破产重整中担保债权人的法律保护［J］. 经济经纬. 2009（1）：155.

② See Philip R. Wood. Principles of Intentional Insolvency［M］. Sweet&Maxwell, London , 1995：190-196.

③ U.S.C（2000 Edition）, Title, Section 362（d）（1）,（2）.

规定。对于政府或相关证券监管机构而言，上市公司申请重整应当告知中国证监会，而重整程序中各种重整手段，如债转股、重大购买、出售和置换资产、发行股票与债券等，可能涉及相关行政许可程序，需要中国证监会、国资委等监管部门核准或批准（王欣新和李江鸿，2008）。在现实中，上市公司对于其所处的区域而言，无论在经济上还是政治上都有极大的意义。应该这么说，在当前的社会经济环境下，任何一个地方政府都不愿意国内第一起上市公司破产案件在其管辖范围内诞生。因此，在上市公司破产重整过程中，除了依照法律赋予的职权和程序履行其权力外，政府等公权力机关会通过各种非法律途径来对上市公司破产重整计划的制定、表决等环节施加影响。这种法律范畴之外的权力运行，可能与法院的司法权发生冲突，或者产生相互的影响。尽管对于这种现象，不能认为是合理合法的，但这确实是我国目前上市公司重整中普遍存在的。

二、冲突中达成平衡的途径

上市公司破产重整计划中存在多方利益主体，而这些利益主体的动机和目的又各不相同。在资源有限和存在重整失败风险的情况下，当上市公司的资源已经无法在一定程度上满足所有主体的需求时，按照一般做法，必须对各类利益做出取舍。但对于破产重整程序而言，其所要保护的是社会整体利益。按照笔者的理解，这种整体利益应该是兼顾各方利益需求的一个整合或概括，其中除了私权益以外，还应当包括了公共利益。因此，公共利益是破产重整程序意图保护的利益中的一部分，程序所追求的社会整体利益，并不能简单地等同于公共利益。因此这种情况下，在破产重整中对涉及的各类利益主体做一个简单的排序，并不能符合程序的价值目标。同时，由于破产重整计划的表决方式设计，在实践中要使重整取得最终的成功，仅仅保护一方利益或部分主体的利益也是不可行的。所以无论从破产重整的程序目标还是实践需要来看，在各种主体的冲突中达成一种利益平衡都是有必要的。

利益的平衡从方法上讲无外乎两种方式，即各个主体间相互协商一致，而达到某种程度上的利益平衡，这种方式可以说是通过意思自治而达到的平衡；或通过利益主体之外的第三方力量的介入，比如司法权和行政权，引导甚至强迫各主体达成利益的平衡，这种方式可以说是公权力模式下的平衡。对于上市公司破产重整而言，之所以进入到重整程序，基本上意味着主体间的利益冲突已经达到了一个不可调和的程度。而在破产重整程序的价值目标下，各个主体的利益需求又无法通过一个简单的排序来解决其冲突和矛盾。因此，无论在理论上还是实践中，为取得所需的平衡，都需要第三方力量的介入。

对于上市公司破产重整程序而言，一方面其首先是一项司法程序，因此法律无疑是这种第三方力量的代表。庞德曾认为，"法律秩序乃是在不断地努力实现尽可能多的利益的进程中调整彼此重叠的权利主张和协调相互冲突的要求或愿望的一种过程"①，即法律有着协调利益冲突的功能。而另一方面，关于利益对法律的影响，也有我国学者指出，法律影响着利益的实现程度和发展方向，利益则决定着法的产生、发展和运作（孙国华，1994）。所以说，法律和利益两者本身就是一种相互影响和相互作用的互动关系。某些法律制度的出现必然是新的利益需求的反应，比如破产重整程序的诞生就是为适应市场经济发展对社会整体利益保护的需求。而当新的法律制度产生后，其又对各种利益起到能动的反作用，因为法律的主要作用之一就是调整种种相互冲突的利益，无论是个人的利益还是社会的利益。②破产重整程序本身的价值目标在于保护社会整体利益，因此当上市公司进入该程序后，相关的法律规范自然会对其各个主体的利益平衡起到影响和作用。

除破产重整程序项下的具体法律规范外，由于我国上市公司的特殊性，法律范畴以外的政府行为也在相当程度上对利益平衡起到作用。这种政府行为一方面可能通过法律来体现，另一方面也可能在法律之外起到比法律更大的作用。相对于法律的可预见性和规范性而言，这种非法律的公权力运作可能带有更大的随意性。或许在法学的视野下，这种权力的介入是与法律所追求的价值不相符的，但在中国的上市公司破产重整中，这两种力量在促使利益平衡的过程中，一定程度上形成了互补的态势。因此，我国上市公司破产重整中达成利益平衡的途径，法律之外公权力的作用也不可忽视。

本章小结

在市场经济环境下，利益是永远也无法回避的一个话题。上市公司作为一种典型的公众型公司，在日常的经营活动以及其内部管理中，将会涉及大量的

---

① ［美］庞德. 法律史解释［M］. 邓正来译. 北京：中国法制出版社，2002：233.

② ［美］E·博登海默. 法理学：法律哲学与法律方法［M］. 邓正来译. 北京：中国政法大学出版社，1998：398.

利益主体。这些主体因为需求不同，与上市公司之间或者相互之间会产生各种不同的利益关系。当进入破产重整程序后，由于资源的有限性，以及各个主体利益需求更加多元化，其相互之间会发生更加剧烈的冲突。应当说，利益冲突是上市公司破产重整中的必然现象。而因为我国上市公司自身所处的特殊社会经济背景，其在上市的过程中甚至是公司上市前的发展过程中，可能就与政府等公权力机关产生了各种利益关系。因此，我国上市公司重整中的利益冲突不仅仅局限在私权利主体之间，公权力的介入（不仅仅局限在法院的司法权上）不仅使政府等公权力机构成为利益主体中的一员，也使利益冲突的局面变得更为复杂。

当然，这种利益冲突虽然在上市公司破产重整计划中是不可避免的，但冲突本身并不是破产重整程序的目标所在。由于破产重整的立法价值是保护社会整体利益，所以在重整过程中无法对各种利益需求进行简单的排序，或者认为某一类利益可以具有优先的地位。若要重整成功，各个主体的利益冲突最终需要在破产重整计划中达成一种平衡，这不仅是实践的需要，也是理论逻辑的最终落脚点。而对于达成利益平衡的途径而言，除了重整法律制度所涉及的具体法律规范外，我国的上市公司破产重整还会引发一系列政府行为的运作。这种政府行为的目的不仅仅是希望上市公司恢复正常的经营能力，更多的还可能涉及对上市公司"壳资源"的再利用。虽然从法律的角度出发，无法用合法还是非法的简单思维来做判断，但当在法学的视野下来探讨我国上市公司破产重整以及其中的利益平衡时，无法也不能忽视这种实践中的现象。

第四章

上市公司破产重整计划的制定与表决

前面两章分别就上市公司破产重整中的利益冲突及政府行为做了分析，而无论是利益的冲突还是政策的导向，实质上都是对实践观察的理论抽象。在上市公司破产重整过程中，利益冲突和政策导向都必然会随着程序的进程而呈现出不同的表现态势。由于破产重整不同于破产清算，不能在清理上市公司财产后直接按照法律规定的顺位分配财产。一起顺利的破产重整案件，从启动到最后的终结需要经过一段时间，在此期间上市公司恢复正常经营能力所采取的一切措施，乃至引入新的投资者"借壳上市"的依据，都在于破产重整计划。破产重整计划是上市破产重整的关键，也是各个主体利益格局的最终体现。因此破产重整计划的制定和通过的过程，是各个主体利益冲突最集中的阶段。

第一节 上市公司破产重整计划的制定

一、上市公司破产重整计划的特点及制定的原则

在上市公司的破产重整中，重整计划在其中起到了核心作用。从破产重整申请的提出到重整关系人会议的组建，期间各方主体的利益博弈，其目的都在于计划的起草与顺利通过。当破产重整计划通过后，后续的破产重整程序也将围绕计划的执行而展开，而在一定程度上判断重整是否成功的标志，就在于破产重整计划是否执行完毕。因此，有学者指出，围绕着破产重整计划的制定、通过、批准、执行、变更和终止的一系列规定，形成了一个由法律规制和有法院参与的多边协商机制（覃有土，1991）。对于我国的上市公司破产重整而言，由于有着特殊的制度需求和相关政策导向的影响，其计划本身及在制定过程中，较普通非上市公司的破产重整计划制定有着不同的特点和特殊的制定原则。

（一）特点

对于破产重整计划的概念，我国学者多将其视为一种协议（多方协议），即破产重整计划是指在破产重整期间，以维持债务人继续营业、谋求债务人复兴为目的，以清理债权债务关系为内容，由特定主体（一般为重整人）制定并经特定组织（一般为债权人会议）表决通过和法院批准的多方协议[①]，或者是维持债务人的继续经营，谋求债务人的再生产清理债权与债务关系为内容的协议。[②] 而根据破产重整程序的要求和破产重整计划涉及的内容或企图达到的效果，有研究者将破产重整计划的法律特征概括为四点，即预防性，破产重整计划是以预防企业破产清算为目的的，因而预防性是其基本特征；实质性，即内容已经超过程序性的范畴，包含着实质性的决策；拘束性，破产重整计划一经法院批准，对各方利害关系人都有拘束力；过渡性，在重整失败时，重整计划具有过渡性，将由清算计划或方案取而代之（肖金泉，刘红林，2007）。

结合上述对破产重整计划的定义以及对其特征的归纳，笔者认为要探讨上市公司破产重整计划的特点，应当综合程序的整体性进行思考，并且考虑到我国上市公司破产重整的特殊性及相关政策导向的影响。具体而言，与非上市公司破产重整相比较，我国上市公司破产重整计划应有以下几个方面的特点：

首先，上市公司破产重整计划具有预先性的特点。这种预先性与预防性有所不同。破产重整计划的预防性是从计划对企业复兴、恢复债务人经营能力的角度出发的。对于预防破产、恢复债务人经营能力的目的而言，这是重整程序所追求的实践效果或者说制度目的所在。对于上市公司破产重整而言，自然也带有这种根本性的目的，但这并不能区分上市公司破产重整计划与非上市公司破产重整计划的不同之处。所谓预先性，是指在上市公司进入到程序之前，就已经就破产重整计划的相关内容在主要债权人或第三方投资者之间进行协商，甚至在某些情况下，在进入破产重整程序之前，相关利益主体已经就重整计划主要内容基本达成了一致意见。严格地按照程序而言，在传统的破产重整中，破产重整计划内容的协商以及投票表决均发生在公司提起破产重整申请之后。[③] 但由于我国上市公司破产重整中，进入到破产重整程序的上市公司一般均为 ST 上市公司，其面临着退市的风险，若按照常规的程序进程，待进入到

---

①　范健，王建文.破产法［M］.北京：法律出版社，2009：39.

②　赵万一.商法学［M］.北京：法律出版社，2001：512.

③　See H. Case and Mitchell. A. Harwood, Current Issues in Prepackaged Chapter 11 Plans of Reorganization And Using the Federal Declaratory Judgment Act for Instant Reorganization［J］. Ann. Surv. Am. L, 1991：75.

破产程序后再由债务人或管理人着手重整计划的拟订工作，很可能无法满足上市公司扭亏为盈从而避免退市的时间要求。同时，破产重整计划涉及各方面的利益主体，且法律在规定其表决时，出于保护社会整体利益的立法价值考虑，并没有在各个利益主体间进行表决权优劣顺序的排位。因此为了使破产重整计划能顺利通过，在制定计划时，就需要与其他利益主体进行充分的沟通与协商。在这过程中必然会发生各种冲突和博弈，而这肯定又会带来时间成本的增加。在此情况下，出于实践的需要，以及政府等公权力机构的介入，在上市公司进入重整计划之前，政府作为其中的大股东或者以地区经济管理者的身份就开始引导甚至主导上市公司重整计划相关主要内容的商定。特别是在第三方准备通过破产重整程序"借壳"上市的情况下，政府更是会带领着其他利益主体提前与第三方进行协商。上市公司破产重整计划的预先性特点，也使得在实践中某些上市公司能在相当短的时间内通过破产重整计划。①

　　其次，上市公司破产重整计划具有融资性的特点，这个特点与我国 ST 上市公司的财务困境以及第三方的"借壳"上市密切相关。由于我国进入到破产重整程序的上市公司，其财务上的困境状态非常明显。根据有研究者的不完全统计，提起破产重整申请的部分上市公司，公司的财务状况极差，其中资产负债率的最大值为 704.77%，最小值为 74.31%，均值为 227.09%，负债基本上是资产的两倍（杨秋波，2008）。在这样的财务状况下，如果仅仅凭借传统的恢复经营方式，通过市场竞争重新恢复盈利能力，并且还要在规定的退市期限内使得资产状态实现扭亏为盈，这对于处于困境中的上市公司而言几乎是不可能完成的任务。同时第三方为了达到"借壳"上市的目的，必然会和原有股东发生股权的变动交易。这样第三方通过注入优质资产甚至资金的方式，一方面可以完成与原有股东的股权交易；另一方面可以直接改变上市公司的财务困境状况，使其摘掉 ST 帽子，从而避免退市风险，达到第三方"借壳"上市的目的。②因此，在这样的实践背景下，我国的上市公司重整计划中相关的内容具有明显的融资性特点。

　　最后，上市公司重整计划具有可行性的特点。与破产清算不同，破产重整程序需要一个破产重整计划的执行过程。而计划的执行又不仅仅局限于对破产财产的分配，其执行过程涉及上市公司的各个方面，新资金的进入、股权的变更以及最终经营能力的恢复等。这其中任何一个环节，都需要破产重整计划

---

① 参见 38 天 朝华科技的涅槃历程［N］. 人民法院报 . 2008 年 6 月 15 日：第 1 版 .

② 参见 ST 海纳披露重整计划细节［N］. 证券时报 . 2007 年 11 月 26 日（第 C02 版）.

中对应的内容具有很强的可行性。因为上市公司受到各方的行政、司法监管较多，这种可行性不仅是一种商业上可行性，还需要满足法律法规上的要求，甚至要符合政府的政策导向，如进入破产重整的上市公司往往都有着募集资金的需要，但由于其清偿能力的不确定性和信用的下降，在实践中通过银行贷款等间接融资方式几乎是不可能的，因此一般只能通过转让股权或非公开发行证券等方式来募集或引入资金。在这个过程中，由于各方对上市公司的监管，其重整计划的相关内容必须具备在这些监管下的可执行性，否则在任何一个环节就可能因为法律法规的障碍而导致重整计划无法顺利进行。因此，与非上市公司破产重整相比，上市公司的重整计划除纯粹的商业角度外，还需要具备更多的可行性条件。

（二）制定的原则

对于破产清算的财产分配方案而言，或许因为破产清算企业所存财产的种类不同，其在变卖分配过程中具体的方式会有所不同。但由于法律规定了具体的破产财产分配顺序及模式，从实践中看各种破产财产分配方案之间并没有实质性的区别。而对于破产重整计划的制定而言则有所不同，因为破产重整程序对于债务人的最终目的是恢复其经营能力，所以破产重整计划在一定程度上是一份债务人及各方主体间"同舟共济争取企业复兴的行动纲领"。[①] 不同企业所面临的经营问题不同或其所在行业的市场特征，决定了计划的内容无论是在融资方面还是恢复经营能力方面都不可能千篇一律。所以，为了保证其内容的质量，以及其能够为各方利益主体所接受，并能体现出破产重整制度的立法价值和政策导向，在破产重整计划的制定中必须遵循相应的原则。

对于破产重整计划制定的原则，在我国 2006 年新《破产法》中并没有体现出具体的规范。在过去的研究中，有研究者认为应符合公平合理、切实可行和科学详细的要求（汤维建，1996），也有研究者提出了五项原则，即公正合理原则、可能执行原则、条件平等原则、兼顾平衡原则和限期完成原则（武亿舟，1980）。对于该问题，笔者认为在探讨上市公司破产重整计划制定的原则时，应当与其特点相区别。所谓原则应当是贯穿破产重整计划制定始终的最高效力准则，应当具有价值储存的能力。由于程序的展开是围绕破产重整计划而进行的，计划的内容以及最终的执行情况将决定破产重整程序是否能最终成功。破产重整计划作为程序的核心，自然无法避免破产重整制度立法价值的影响。同

---

① 王卫国.破产法［M］.北京：人民法院出版社，1999：247.

时，在我国的实践中上市公司对破产重整制度所产生的特殊性制度需求，也会在相当程度上影响到破产重整计划的制定原则。综合上述两个方面，对于上市公司破产重整计划制定的原则可以从以下几个方面来把握：

首先，利益平衡应当是上市公司破产重整计划制定的基本原则。前面的章节已经提及，破产重整程序的立法价值决定了在重整过程中，无法对涉及的诸多主体做出优劣顺序的排位。因此破产重整制度中保护社会整体利益的价值要求，决定了在破产程序中必须采取一种利益平衡的理念。破产重整计划的内容包含着重整程序中恢复债务人经营能力的具体措施，并且一旦经法院裁定后对各方利益主体都具有约束力，所以破产重整计划是否能够在各方主体间达成利益的平衡，得到各方主体的认同，就成为了计划能否顺利表决通过的关键。虽然在重整过程中，各主体的利益目标有着多元性，这必然会导致利益主体间的各种冲突，但如果按照经济学中"经济人"或"理性人"的假设，"由于成本——收益计算包含着对各种关系相容性的考虑，所以'理性人'假定意味着交易双方存在一种相互妥协，相互让步，最终使各自利益都能得以满足的倾向，也就是存有一种合作倾向。"[①] 所以在利益冲突的表现下，上市公司破产重整中的主体仍然有达成利益平衡的基础，特别在如果重整失败各方将会遭受更大损失的风险下，各主体间存在着达成一致的利益驱动。因此，在上市公司破产重整计划的制定中，利益平衡应当成为一个最基本的原则，也是其应当追求的最终效果。

其次，在利益平衡的基本原则下，在上市公司重整计划的制定中还应当遵循共同协商原则。该原则与重整程序的立法价值也密切相关。利益平衡在某种意义上讲并不是一种完全客观化的标准，因为在上市公司破产重整的实践中不可能存在一个客观衡量利益是否达到平衡的标准，此外对利益判断和处置的最佳主体应当是利益主体自身，因此对利益平衡的判断应当由利益主体自行衡量。虽然在上市公司破产重整计划的制定中，特别是在上市公司股份中含有国有股份时，政府等公权力机构一般起到了主导作用，但这种主导作用并不意味着政府能独立地完成破产重整计划的全部内容，并且能在表决中得到不同表决组的多数支持。因此，政府等公权力机构在引导破产重整计划的制定工作时，仍然需要与不同利益主体进行不同程度的沟通。特别在时间较为紧迫，上市公司面临退市风险的情况下，这种与各利益主体间的共同协商显得更为重要。在破产重整计划正式提交表决前，得到对应主要利益主体的认可，无疑对计划通过率的提高大有帮助。因此，无论从利益平衡政策导向的要求，还是实践中的实际

① 鲁鹏. 利益冲突与制度调节 [J]. 中共济南市委党校学报. 1999（3）：44.

需要出发，在上市公司破产重整计划制定时，遵循共同协商原则都是有必要的。

最后，在利益平衡的原则下，由于涉及利益主体的特殊性，在上市公司破产重整计划制定时还需遵循特别保护原则。当然这种特别保护原则仅仅针对某些弱势群体，而保护该类主体利益的原因，一方面在于使得上市公司破产重整能得以顺利进行；另一方面也在于破产重整程序保护社会整体利益的立法价值需要。因为在上市公司破产重整中，涉及的利益主体较多，而这其中各类主体维护自身利益的能力以及参与利益博弈的地位会有很大差别。若在重整过程中，机械地强调利益平衡而对任何主体都同等对待，最终的结果可能是造成部分弱势群体利益的实质性损害。因此，在上市公司破产重整计划的制定中，需要对其中的职工和证券市场上的小额股票投资者（俗称的"散户"）等主体的利益给予足够的关注和保护。这种保护从经济的角度上讲，由于该类主体的利益需求所占有的资源较其他大额债权人较少，不会在显失公平的程度上影响到其他利益主体。从政策导向的角度上看，该特殊保护原则也符合维护社会稳定和保护职工利益的政策要求。因此在我国现有国情下，该原则具有一定的合理性，符合现实需要。

二、上市公司破产重整计划制定的主体

上市公司破产重整过程中，参与的主体较多，因此无论从理论还是实践的角度看，都无法让所有的主体直接参与计划的制定。而对于破产重整计划这一核心的法律文件，在诸多介入上市公司破产重整中的主体中，谁有权来制定破产重整计划，并最终提交表决，那么在利益博弈中可能会占据更有利的地位。法律对这种权利的不同配置，也会影响各主体间的利益格局。由谁来担任上市公司破产重整计划制定的主体，是在上市公司破产重整中达成利益平衡需要首先探讨的问题。

（一）立法分析

在选择上市公司破产重整计划制定的主体时，笔者认为应当从两个方面去考虑，一方面需要考虑制定计划的能力问题。由于上市公司破产重整中涉及各方面的利益，在制定计划中，除了需要考虑破产重整计划的可行性外，相关内容还需要得到各方利益主体的认可。因此上市公司破产重整计划的制定主体需要具备一定的专业能力和协商谈判能力，能够在实践中得到各方主体的认可。另一方面，由于计划的制定主体在面对利益冲突时，在某种程度上占有一定的

优势，因此需要对破产重整计划的制定过程作出一定限制，以达到利益平衡的效果。对此联合国国际贸易法委员会在其《破产法立法指南》中指出：一方面要考虑到对不同当事人所给予的提出计划的自由度；另一方面是要考虑到对这一过程所作出的限制，例如表决要求、谈判和提出计划的时限、对计划的可能修正和其他程序上的考虑。①

综合各国在破产重整计划制定主体上的具体立法，有研究者将其归纳为四种情况，即以债务人制定为原则，其他参与人制定为例外；以管理人制定为原则，其他参与人制定为例外；由重整人制定；区分不同程序由不同主体制定（郑志斌和张婷，2007）。也有研究者考察各国或地区立法，认为关于重整计划的制定有五种立法例，即仅有重整人有权制定；重整人制定为原则，其他人制定为例外；债务人制定为原则，其他人制定为例外；将重整程序分为一般司法康复程序和简易程序，制定重整计划的主体有所不同；采用重整人为主制定，债务人予以协助（李晓燕，1998）。

通过前述研究者对各国立法的分类总结，破产重整计划的制定者一般集中在债务人、管理人（重整人）两者身上。同时出于利益平衡的需要，在某些情况下也考虑到兼顾其他主体的制定诉求，以其他主体制定为例外。我国2006年新《破产法》在破产重整计划制定主体的规定上，采取的是"谁管理财产和营业事务谁制定"的原则，在实践中可能根据不同情况出现由债务人或管理人制定重整计划的可能。从立法的考虑上看，将制定破产重整计划的主体主要限定于债务人或管理人（重整人），主要还是在于这两者一般而言对重整企业有着更多的了解，或具备一定的经营或破产重整专业能力，同时两者对程序的参与有着全程性，与各类主体接触较多，利于双方的协商或谈判。当然为保证各主体间的利益平衡，法律对其也有一些限制性规定。在各国的立法中，不同的法律配置，可能导致在破产重整计划制定中不同的利益冲突格局。

首先，将破产重整计划的制定规定为以债务人为主的情况下，由于债务人对自身的经营情况与财务状况有着较为充分的了解，因此将重整计划制定权赋予债务人有利于提出更具有可行性的重整计划。这种立法例以美国为代表，法律赋予债务人在自愿申请破产重整的同时或在非自愿申请之后提出重整计划，且在重整申请提出之后的120天内，债务人享有提出重整计划的专有权利。②这种模式的考虑重点及立法理由在于债务人对自身信息的获取能力，以及恢复

---

① 参见联合国国际贸易法委员会.破产法立法指南（中文版）[M].2006：189.

② 参见 U. S. C（2000 Edition），Title 11，Section1121（a）（b）.

自身经营能力的利益驱动。对于我国上市公司而言，若由债务人即上市公司提出破产重整计划，一方面，上市公司中的原有大股东可以充分地表达自己的利益诉求，这在存在"借壳"上市的情况下，无疑便于与第三方沟通协商，从而在股权变更上更容易达成合意；另一方面，由作为债务人的上市公司提出重整计划，也在一定程度上有利于原有工作机会的保留，特别是在制定重整计划期间可以保持原有董事会等管理层的正常运作，能在整体上降低重整成本。但不可否认的是，由于债务人本身已经陷入经营困境或财务困境，其执行能力、管理能力或信用资质已经不可避免地饱受其他利益主体特别是债权人的质疑。从这个方面看，在实践中若单纯地依靠债务人制定重整计划，在某些矛盾已经激化的情况下，反而容易引发利益主体间的对抗。另外在债务人制定重整计划的过程中，由于利益的驱动，也容易出现侵犯其他主体利益的可能，或者出现损害上市公司中小股东利益的情况。① 对此，相关立法也对债务人的行为进行了限制和约束，并赋予在一定条件下，其他利益主体介入重整计划的权利，如美国联邦破产法就规定在下列三种情况下，重整人可由其他利益主体提出，即利害关系人提出证据证明债务人的经营管理人有欺诈、不诚实、不称职和严重的经营管理不当时，法院已根据规定另行指定重整受托人；债务人在重整申请后120天内未提出重整计划；在重整申请180天内，债务人未提出得到债权人或股权减少人接受的重整计划。②

其次，将破产重整计划的制定规定为管理人（或重整人）③ 为主的情况下，有学者指出，由重整人制定重整计划最为可行。重整计划应是群策群力、反复比较的集体智慧结晶（汤维建，1996）。在破产重整中，管理人（重整人）一般由专业的中介机构担任。与其他利益主体相比，其更具有破产重整方面的专业知识，由其制定出的计划可能更具有可行性。更重要的是，与债务人制定破产重整计划相比，管理人（重整人）作为中介机构，与债务人重整前的利益关系较少，更能以一种中立的立场来衡量、考虑各方的利益，特别是其中的弱势群体利益。而这种中立的地位，对于管理人（重整人）而言，还有利于其在制

---

① 参见破产重整三样本解剖：谁动了中小股东的"奶酪"[N].上海证券报.2010年6月1日（第F12版）.

② 参见 U. S. C（2000 Edition），Title 11，Section1121（c）.

③ 所谓重整人乃重整程序中执行公司业务、代表公司、拟订并执行重整计划之法定必备机关（参见王文宇.新公司与企业法［M］.北京：中国政法大学出版社，2003：217.）。对于重整人的名称，各国法律的规定不一。我国2006年破产法中没有单独的重整人概念，在重整过程中，"管理人"可以行使公司管理权。因此我国管理人和重整人的概念有重合，在此处笔者将两者重合使用。

定计划过程中与各方利益主体的沟通协调。尽管管理人（重整人）负责破产重整计划的制定有上述诸多优势，但其介入重整公司始终是在破产重整程序启动以后，其对债务人的了解仍然存在不足之处。因此也有学者指出，重整人对于公司的内情不了解，将难以提出重整计划，更可能持事不关己之心态进行重整工作，缺乏贯彻重整成功的决心，或将影响重整之结果（王文宇，2003）。对于这一点笔者认为，管理人（重整人）与债务人相比，其与重整程序的利益联系肯定没那么紧密。但这个问题可以通过对管理人（重整人）的利益报酬设计，使得管理人（重整人）对重整成功存在利益的驱动，从而解决对管理人（重整人）的工作激励问题。除了利益上的激励问题外，更为重要的是，由于破产重整计划的执行是为了恢复债务人的经营能力，所以除了其中所涉及的法律问题和财务问题外，计划的主要内容在很大程度上带有着商业计划的色彩。对于管理人（重整人）而言，其多为专业的中介机构（如律所、会计师事务所），在实践中不一定具备企业经营所需的商业知识或经验，再加上管理人（重整人）获取企业信息的成本也大于债务人，若仅仅由管理人（重整人）制定破产重整计划，在缺乏必要的商业知识和经验，以及获取企业信息不足的情况下，有可能会影响计划的可行性。

最后，除了债务人和管理人（重整人）以外，上市公司破产重整中所涉及的其他利益主体，由于其专业知识或谈判能力问题，都无法独立有效地担任起破产重整计划制定这一职责。以债权人为例，虽然在破产重整中，债权人的利益保护是重整能否成功的关键之一，但在实践中由于债权人较为分散，且债权人一般很少介入债务人的实际经营，因此债权人一般很难实际履行制定破产重整计划的任务。同时，出于保护社会整体利益的要求以及实践中利益平衡的需要，一般法律在赋予债务人或管理人（重整人）为破产重整计划制定的主要负责人时，也应赋予其他利益主体在一定条件下参与计划制定的权利。这一方面对债务人或管理人（重整人）是一种制约；另一方面也有利于各主体间的沟通与协商，从而使得最终的重整计划能顺利通过表决。

（二）对我国上市公司重整计划制定主体的实践分析

前文已经提及，我国2006年新《破产法》对于破产重整计划制定主体采取的是"谁管理财产和经营事务谁制定重整计划"的原则。按照破产法的规定，在破产重整过程中可能存在债务人自行管理或管理人负责管理两种情形。因此按照我国的法律规定，破产重整计划制定的主体仍然没有超出债务人和管理人的范畴。我国破产法对破产重整计划的制定也有一个时间期限，即债务人或管理人自法院裁定债务人重整之日起 6 个月内，应当向法院和债权人会议提交重整计划草案。若有正当理由，法院可以裁定延长 3 个月。如果期限届满后，债务人或管理人没有按期提出重整计划草案的,法院应当裁定终止破产重整程序，从而转入破产清算程序。

从我国的相关法律规定来看,虽然破产法在时间上对计划的制定有着限制，但与美国联邦破产法所不同的是，当债务人或管理人在期限内没有很好地完成破产重整计划的工作时，其他利益主体没有介入到计划制定中的机会。而法院直接裁定终止程序的规定,使其他利益主体实际上面临着一个两难境地。首先，当债务人或管理人的破产重整计划制定期限届满，而其他利益主体无权提出计划会使得破产重整计划的制定过程缺乏竞争性。虽然债务人或管理人制定的计划最终也要由各利益主体按照法律的规定进行分组表决，而且在制定过程中债务人或管理人也不可能不和主要利益主体（如担保债权人）进行沟通，但法律并未赋予其他主体直接介入破产重整计划制定的权利，这使其他利益主体对破产重整计划仅仅是一种间接影响，不能在计划的制定上和债务人或管理人处于同等的竞争地位。更为重要的是，当债务人或管理人无法按照法律的要求履行义务时，其他利益主体并不能通过自己的直接介入来推动程序的进程。相反，因为债务人或管理人的原因，还可能导致破产重整程序被终止而进入破产清算程序。而在破产清算程序中，各个主体的利益无疑会受到更大的损害。因此这种法律规定在实践中可能会迫使其他利益主体为促使债务人或管理人在法定期限内提出重整计划草案，而接受他们并不满意的重整计划内容。这种利益格局无疑对债务人和管理人之外的其他利益主体有失公平，因此有必要考虑赋予其他利益主体在一定条件下直接参与到破产重整计划的制定中来的权利。

除上述因法律规定而造成的利益格局外，在我国的上市公司破产重整实践中，由于重整目的不仅仅是为恢复债务人的经营能力，同时因为政府等公权力机关的介入等因素，在上市公司破产重整计划的制定中会体现出某些特殊性。

首先，因为法律的强制性规定，上市公司破产重整计划的制定主体无法超出我国 2006 年新《破产法》规定的债务人或管理人的范畴。对于上市公司而言，当其作为债务人进行破产重整计划的制定时，会在很大程度上受到控股股东的影响。与股权较为分散的国外上市公司不同，在我国的上市公司中股权集中的现象较为普遍，且控股股东所持有的股份多为国有股。在这种情况下如果由债务人即上市公司负责破产重整计划的制定，则给控股股东提供了介入计划制定的机会。国外有学者认为，在实践中由债权人或股东制定重整计划的情况是十分少的，因为债权人或股东未必具有公司经营管理技能，而且债权人或股东一般不干预公司经营，未必能全面把握重整公司的实际业务状况（菲利普波尔，1993）。但在我国上市公司的重整中，国有控股股东的介入却是一种常态。

其次，如果由管理人负责制定上市公司破产重整计划，按照一般理解管理人应该由有着重整专业知识的中介机构担任。但在我国上市公司的破产重整中，一方面由于上市公司股权结构中可能含有大量的国有股权，另一方面也由于地方政府存在相关政策导向的影响，出于上市公司"保壳"的目的，在实践中会出现管理人由专业的中介机构和政府等公权力机构指定人员同时担任的情况。而在目前的上市公司破产案件中，法院经常按照"清算组"模式来指定破产管理人，如在 ST 朝华破产重整中，法院在指定两家专业中介机构即重庆海川资产清算服务有限公司和中豪律师集团（重庆）事务所作为破产清算组成员后，又指定重庆市涪陵区政府秘书长等 3 人作为清算组成员。① 在这种组成下，管理人在制定重整计划的过程中，也会存在政府等公权力机构介入的情况。

最后，对于政府等公权力机构而言，由于经济利益或政治利益的原因，其在上市公司的破产重整过程中有着介入重整程序的动机。而对于上市公司而言，其要在较短时间内重整成功，保住上市公司的壳资源，在一定程度上也需要政府等公权力机构所提供的相关资源。重整计划作为重整程序中的核心环节，其制定过程必然会引起各方利益主体的冲突与博弈。而政府由于自身利益的驱动，也会试图介入计划的制定工作。由于政府等公权力机构的介入，对于上市公司重整中的弱势主体而言，在保护职工利益的政策导向影响下，政府等公权力机构的介入或许在一定程度上有利于对弱势群体利益的保护。同时，政府等公权力机构的特殊身份，能够推动在破产重整计划制定过程中与债权人等利益主体的谈判。此外，除了上述两种途径外，在实践中有些地方政府在面临上市公司破产重整时还成立了专门的协调机构，对重整中所出现的各种问题进行协调甚至直接的决策，如在 S*ST 兰宝破产重整中，吉林省政府专门成立了"兰宝重组项目领导小组"，长春市则成立了"兰宝股份保牌项目工作组"。②

当然不可否认的是，政府等公权力机构通过各种方式介入上市公司的重整计划制定，可以在一定程度上对各利益主体间达成统一意见，促进最终的利益平衡起到积极的作用。但由于行政权力的扩张性，尽管有着相关政策的引导，在实践中仍然极易出现损害其他利益主体的行为。对于政府而言，在上市公司破产重整中，最重要的任务多是保住公司的上市资格，至于该上市公司是否有

---

① 参见西部首个上市公司重整计划获法院批准［N］.法制日报.2008 年 1 月 13 日（第 9 版）.

② 参见 S*ST 兰宝破产案中的法律智慧［N］.法制日报.2008 年 1 月 27 日（第 10 版）.

重整的价值反而成了次要的问题。在这种政府行为影响下出台的破产重整计划，尽管从表面上看可能达成了各主体间利益平衡的目标，但却可能因为违背了市场经济的一般规律而最终在实际上损害了更多主体的利益。

三、上市公司破产重整计划的内容

如果说上市公司破产重整计划的制定主体以及在制定过程中各利益主体的介入程度，会在相当程度上影响到重整中主体间的利益冲突和博弈格局，那么破产重整计划的内容则是最终的利益平衡的体现。在实践中，由于不同的上市公司所面临的问题有着较大的区别，因此计划的内容也会有着不同。对此，各国关于破产重整计划内容的立法模式也着较大的差别。就相关立法对破产重整计划内容的规定来看，笔者认为可以分为两类：

一种模式为概括式立法，其代表为德国，如《德国支付不能法》第219条及221条规定：支付不能方案由陈述部分和形成部分构成，形成部分应当确定方案使各利害关系人的法律地位发生了怎样的变更。①

另一种模式为列举式立法，即在法条中列举规定重整计划中所需要包含的内容，这其中可能包括法律要求必须记载的事项或根据实际需要可灵活掌握的事项。比如我国台湾地区的公司法第304条第1款就规定公司重整中的下列事项应当订明于重整计划中，即全部或一部重整债权人或股东权利之变更；全部或一部营业之变更；财产之处分；债务清偿方法及其资金来源；公司资产之估价标准及方法；章程之变更；员工之调整或裁减；新股或公司债之发行；其他必要记载事项。而美国的联邦破产法规定的重整计划必须包括的内容有：债权的类型；不受重整程序影响的债权；受到损失的债权的处理办法；向同类债权提供同类的对待方式，除非债权人同意自己的债权被劣后对待；执行重整计划的方法；在一定条件下对债务人的章程的修改，从而规定禁止发行无表决权股票，并且规定对有表决权的不同股票要适当地分配表决权；对债务人公司中的董事、管理人员及托管人的选任。此外，对于重整计划中还可以包括的内容有：记载受到损失和未受到损失的债权类型；规定有关继承、拒绝或转让债务人未履行的合同或未到期的租赁合同；规定债务人或破产财团享有债权的处理或调整方案；规定出售债务人全部或部分财产并进行分配；对担保债权人或无担保

① 杜景林.德国支付不能法［M］.卢谌译.北京：法律出版社，2002：114.

债权人权益的修改；其他与破产法不冲突的内容。①

　　从两种立法模式来看，列举式立法较概括式无疑有更强的指引性，在实践中也便于操作。我国 2006 年新《破产法》采取的也是列举式，即根据第 81 条规定，重整计划应当包括的最低限度内容有：债务人经营方案；债权分类；债权调整方案；债权受偿方案；重整计划的执行期限；重整计划的执行监督期限；有利于债务人重整的其他方案。但我国的立法并未对上述问题做进一步的细化。同时在 83 条的第 1 款规定了重整计划中不得包括的内容，即不得规定减免债务人欠缴的第 82 条第 1 款第 2 项规定以外的社会保险费用。这里所涉及的是职工的社会保险问题，体现出我国破产立法中对职工利益的特殊保护倾向。

　　结合各国立法及我国 2006 年新《破产法》，笔者认为破产重整计划内容除了包括专业的法律和财务知识外，从某种意义上还有着融资计划和商业计划的色彩。在实践中，不同的上市公司面临着不同的经营问题和财务问题，而在进入到重整程序后，所面对的利益冲突格局在微观上又会有着诸多的不同。因此，法律对破产重整计划内容的规定不宜规定得过于具体和细节化，除了出于某些立法价值或政策的考虑而需要明确规定的内容外（如我国 2006 年新《破产法》中对职工利益的特殊保护），其余内容应当赋予利益主体自行站在商业角度进行判断和选择的权利。对此世界银行的一项报告指出，在重整计划的制定过程中，资金的使用以及如何安排预示着债务企业的经营前景，是各主体对重整的经济预期，但这预期是很难估计的。通过协商以后重整计划最终会对各方的利益有一个安排，并使得大多数债权人接受。由于重整计划中包含着大量潜在的可能性利益，所以法律不宜具体规定重整计划的内容或形式。法律应当允许由市场来决定经济主体在重整计划中做出合适的商业决策。②

　　对于我国的上市公司而言，在重整过程中涉及的利益主体与普通非上市公司有所不同，且还面临证券市场上相关法规的监管，更为重要的是，在我国上市公司破产重整中还存在第三方"借壳"上市的可能。在这三种因素的作用下，加上上市公司破产重整计划制定中的特殊利益格局以及相关的政策导向影响，我国的上市公司重整计划内容一般具有以下几个方面的特点：

　　首先，就其中的融资问题而言。进入破产重整的上市公司一般都在财务上处于困境，且若要避免退市的风险，在有限的期限内使财务状况"扭亏为盈"

---

① 参见 U. S. C（2000 Edition），Title 11，Section1123（a）（b）.

② 参见 Principle and Guidelines for Effective Insolvency and Creditor Rights Systems［R］. The Word Bank, April 2001：49.

是必不可少的条件。而此后的恢复正常经营能力，偿清积累下的债务，资金也是必不可少的条件之一。因此，无论上市公司陷入困境的原因是什么，有新的资金注入无疑有利于摆脱困境。所以在上市公司破产重整计划的内容中，融资问题是首先需要解决的问题之一。对此有研究者从目前已经成功的重整个案来看，认为我国上市公司的重整模式主要有两种，一是保留上市公司原来的主营业务，通过各种方式筹集资金并向企业注入优质资产；二是重组方支付对价获取上市公司控股权，再通过剥离资产、定向增发，改变上市公司主营业务后恢复经营（刘有东和李季宁，2009）。这两种模式中，前者为传统的破产重整模式，后者就是本文常涉及的第三方"借壳"上市。但无一例外的是，这两种模式都涉及融资问题。只是第一种模式多通过上市公司自身来募集，第二种模式则涉及第三方的资金来源。

若通过上市公司自身来募集资金，在实践中由于上市公司进入到破产重整程序后，资信能力已经大大下降，且一般因为前期的财务问题，几乎不能再提供用于抵押的财产。在这种情况下，通过由上市公司向银行贷款的方式来募集资金几乎是不可行的，因此在实际中一般由股东自行募集向上市公司注入的资金。如 S*ST 海纳披露的重整计划内容中关于资金的来源渠道，就为其实际大股东以公司持续经营条件下的资产为基数（约 1.1 亿元），提供等值现金。[①] 这种募集资金的模式由于属于股东直接出资，不会增加上市公司的债务负担。同时由上市公司控股股东募集资金解决上市公司财务问题，在实践中也使其他利益主体较容易接受，有利于与其他利益主体的协商。但在上市公司破产重整中，其所涉及的对外债务可能较为庞大，且要使得上市公司在财务上达到"扭亏为盈"也需要相当额度的资金。当上市公司已经长时间陷于经营或财务困境的情况下，对于其股东而言可能也会受到其经营和财务困境的影响，再由股东在短时间内自行募集一笔数额较大的资金，对于股东而言可能也是一种挑战。

在存在第三方资金来源的情况下，第三方投资者为重整中的上市公司注入资金的初衷在于取得公司的控股权，从而达到"借壳"上市的目的。在这种融资模式下必然涉及股权的变更，在破产重整计划的制定中，原有股东特别是原有控股股东与第三方的协商就成为重要的环节。在实践中，这种股权的变更方式可以是股权转让或股权竞拍，[②] 从而实现第三方资金的进入和控股。在这个过程中可能涉及上市公司股票的交易问题，在原来非流通股大量存在的情况下，

---

① 参见 S*ST 海纳披露重整计划细节［N］.证券时报 . 2007 年 11 月 26 日（C02 版）.

② 参见建新集团"闪电"控股 S*ST 朝华［N］.上海证券报 . 2007 年 12 月 27 日（B02 版）.

这个问题较好解决。但随着"大小非解禁",我国证券市场逐步向"全流通"的方向发展。因此需要对重整过程中上市公司的股票交易作出特殊规定,否则在我国现有上市公司管制体系下,包含着股权变更内容的重整计划在执行过程中可能会面临股票交易的法律障碍。同样地,除了与原有股东进行股权交易外,在正常情况下,第三方还可以通过购买上市公司增发股票的方式介入上市公司。而若在重整中的上市公司能够在一定条件限制下发行证券,无疑能为其融资提供更为便利的渠道。这也是在考虑如何完善我国上市公司重整法律制度时所需重点关注的问题之一。①

　　其次,就其中的债务清偿而言,虽然说破产重整程序的目不在于纯粹的债务清偿,但债权人利益的保护始终是破产法关注的重点。在重整程序中,自债权人的角度观之,其程序机制的设计应以不损害债权人的债权为原则,确保债权人的清偿不会因重整程序的进行而较破产清算程序少(汪世虎,2007)。也就是说在理想状态下,重整的成功应该是一个共赢的结果,债权人的债权可以得到比破产清算更高的清偿,债务人则避免了清算解体的命运(龚玉秀和方钰,2009)。因此,在破产重整计划中,对于在重整过程中如何清偿债务是计划的重要内容之一。从实践的角度来讲,若破产重整计划不就债权债务的清偿作出规定,就无法交付关系人会议讨论通过(李永军,1996)。在我国的上市公司破产重整中,若有第三方的借壳上市,则债务的清偿多由第三方资金来完成。当然,在和债权人的协商中,由于上市公司的实际经营和财务状况,一般没有实力对所有的债权进行等额的清偿,同时第三方进入的资金也不太可能全部用于清偿债务。因此,在计划的制定过程中,需要债权人做出让步。当然在实践中,如果破产重整计划执行成功,这种让步后债权人所受到的清偿也会大于破产清算程序下的清偿,这对于普通债权人尤为明显。

　　对于担保债权人而言,由于其可以通过行使担保权而得到优先受偿,但其所涉及的担保物一般与上市公司恢复正常经营能力密切相关。因此在制定破产重整计划时,需要该类债权人在行使担保权的问题上做出让步。但要对担保权的行使进行限制甚至放弃担保权,无疑对该类债权人的利益有严重影响。在担保债权人中,金融机构(如银行)的债权往往占有较大份额,而在计划中做出大幅度的债权调整(如债权减免、延期清偿、分期清偿等),对于其来说是伴随着风险而又对自身利益有着重大影响的行为。制定该部分内容的难点,一方

---

① 此外就国外重整实践中所采取的融资手段,经研究者总结存在"鞋带圈方案""合并方案"及"资本机构调整方案"等。参见沈达明,郑淑君.比较破产法初论[M].北京:对外贸易出版社,1993:86-87.

面在于金融机构本身决定在哪些方面做出让步是一个艰难的选择，尤其是在多个金融机构债权人同时存在的情形下尤难决断；另一方面在于一旦重整失败，经过重整期间的经营和财务运作，债务人的财产状况可能还低于重整前，这意味着获得的回报可能会低于直接进行破产清算而获得的清偿（莫初明，2007）。所以与担保债权人特别是其中的金融机构的协商将会因利益冲突，产生诸多的障碍。此时，政府等公权力机构的介入，可能会在一定程度上推动与该类债权人的协商。而因为上市公司"保壳"的时限需要，当涉及需要银行减免债务时，地方银行无权减免债务而需要上报，这无疑会增加破产重整计划制定的时间成本。因此在实践中已经出现了为避免该风险，而创设承债的第三方主体来继续完成对上市公司债务清偿的方式。①

最后，对上市公司经营能力的恢复而言，虽然在我国的上市公司破产重整中，存在以"保壳"为目的的重整模式，但第三方通过重整程序"借壳"上市后，仍然会面临着开展上市公司经营业务的需要。同时，在破产重整计划中相关融资和债务清偿内容能顺利实现的情况下，第三方"借壳"上市后应该面对着的是财务较为"干净"的壳资源。但此时由于第三方成为新的控股股东，极有可能会涉及上市公司主营业务的变化。由此可能会带来管理方式的改进，管理人员的变更，业务部门的变化，经营项目的缩减或转型以及普通职工的精简。在计划制定涉及上述内容时，可能会对某些弱势群体的利益产生影响（如普通职工）。此时需要在制定破产重整计划之际，考虑到公司经营方案的变化而给相关利益主体带来的影响，对其中可能受到损害的主体作出利益保护上的安排。对于依靠公司自身或原股东募集资金的方式来完成重整程序的上市公司而言，重整的成功虽然可能不会带来主营业务的变化，但由于其前期陷入经营困境或财务困境的原因，肯定与公司自身的经营管理有关。因此在计划中仍然需要对经营能力的恢复做出安排，这仍然可能涉及公司管理机制和运营机制的变化。

当然，在上市公司的破产重整计划中，除了上述三个方面的内容外，还包括许多细节方面的内容，如债务清偿的期限，对不同债权的分类及对应的清偿比例，对职工工资及社会保险费用的清偿，对债务履行的担保等。这些内容从性质上都可归为前面的三个方面之中。在实践中，根据具体上市公司所面临的实际情况，这些细节性内容可能会有所不同。但可以肯定的是，在制定这些内容的过程中，各方利益主体会围绕着破产重整计划的制定者展开各种层次的协商并发生利益上的激烈博弈。

---

① 参见朝华科技公司破产诉讼中获准重整［N］. 人民法院报. 2008 年 1 月 14 日（第 1 版）.

第二节　上市公司破产重整计划的表决及修改

一、上市公司破产重整计划的表决

在完成了破产重整计划的制定工作后，按照法律规定就可以进入重整计划的表决程序。如果说在计划的制定阶段，各方利益主体还是处于一个相互冲突而又相互协商的状态，那么进入表决环节则是对最终的协商或者说博弈结果的体现。在表决程序中，对各方利益主体的表决权如何配制以及主体如何行使表决权都会对重整中的利益格局产生影响。对于我国的上市公司破产重整而言，由于其涉及利益主体的特殊性以及破产重整计划内容的特点，在表决环节也会产生特殊的影响。

（一）享有表决权的主体

法律赋予哪些利益主体享有重整计划的表决权，无疑是影响重整程序利益格局的重大因素之一。从理论上讲，由于破产重整程序的立法价值取向在于保护社会整体利益，因此与债务人破产重整有着利益关系的主体都应该享有表决权。就上市公司破产重整中所涉及的利益主体来看，除上市公司（债务人）以及其股东外，在上市公司经营过程中与其发生债权债务关系的主体以及通过其他途径与上市公司发生债权债务关系的主体，在这里都可以统称为上市公司的债权人。当然在重整程序中的债权人，与破产清算程序中一样，需要经过重整债权的申报与确认，从而由"自然之债"转化为"重整之债"。

对重整债权的申请和认定，我国 2006 年新《破产法》并未做单独规定。有学者将重整债权分为实质意义上的债权与形式意义上的债权，前者为在重整裁定前，对于公司享有金钱债权或得以金钱评价之债权而言；后者是指依重整程序申报，并依此程序行使其权利之债权而言（梁贤宇，1981）。此外相关的立法也从债权产生的时间，以及针对的债务人两个方面对重整债权做了规定。如日本公司更生法就规定：基于更生程序开始前的原因而对公司产生的财产请求权，为更生债权。[①] 我国台湾地区公司法也规定，对公司之债权，在重整裁

---

①　王书江.日本商法典［Z］.殷建平译.北京：中国法制出版社，2000：398.

定前成立者，为重整债权。

结合理论描述和立法规定两方面，对重整债权的把握可以从三个方面来把握：

首先，就债权产生的时间而言，应当是程序启动以前。但就我国的法律规定以及司法实践来看，破产重整程序的启动有着特殊的程序，即如果是直接申请破产重整，则法院首先作出的是裁定受理重整申请，而后才是裁定债务人重整；如果是从破产清算程序转化到重整程序，则一般的做法是首先有破产申请，破产申请受理后再申请重整的，则由法院直接裁定债务人重整。因此我国重整债权的产生时间不可仅仅由裁定债务人重整时判断，其实在法院裁定受理重整申请或受理破产申请以后，相关的司法程序就已经开始。参照我国 2006 年新《破产法》中对破产债权的时间规定（即人民法院受理破产申请时），认定重整债权的时间界点应当是法院裁定受理重整申请或受理破产申请。

其次，重整债权应当是一种对债务人（上市公司）财产上的请求权。在重整债权人与上市公司形成的债权债务关系中，无论是正常营业过程中形成的经营债权，还是职工的工资债权或是欠缴的税费，其相对方都应当是进入重整程序中的上市公司。同时这种请求权需是一种财产上的请求权，可以直接以金钱给付或可以换算为金钱计算。这就排除了在某些侵权法律关系中，要求债务人所进行的某些作为或不作为（如恢复名誉，赔礼道歉等）。这种请求权上财产性的要求，是破产重整程序的特点所决定的。因为进入程序后，在按照破产重整计划清偿债务时，许多债务已经不可能实际履行，只能以金钱的形式予以清偿。

最后，重整债权应当具有法律上的强制执行性，这是对重整债权合法性的要求。这里所强调的强制执行性，是一种性质上的特征，而非客观事实上的要求，不以具有执行名义为必要（柯芳枝，2004）。某些不具备合法性基础的债权（如赌博之债）或者其原有法律基础已经消失的债权（如被撤销之债、无效之债），因为在性质上就不具备法律上的强制执行性，不能成为重整债权。而对于已过诉讼时效的债权，尽管我国采取的是抗辩权发生主义，债权人虽然仍然拥有实体权利，但却因为丧失了胜诉机会而不再具备法律上的强制性，因此也不能纳为重整债权。

一般而言，符合了上述三个条件的债权可认定为重整债权。但这种认定是被动的，需要债权人按照法律要求，在法定的期限内进行申报。当然某些债权也不用申报，如我国 2006 年新《破产法》就规定，债务人所欠职工的工资和医疗、伤残补助、抚恤费用，所欠应当划入职工个人账户的基本养老保险、基本医疗保险费用，以及法律、行政法规规定应当支付给职工的补偿金，不必申报，并由管理人调查后列出清单和予以公示。同时法律还赋予了职工异议权，当其对管理人公示的清单有异议时，可以要求管理人更正，若管理人不更正，职工还可以向法院提起诉讼。该立法的考虑在于，在实践中一般公司所涉及的职工数量较多，若要求职工如同其他债权人一样分别单独提出债权申请，则将会大大增加管理人的工作量。同时，职工对公司的上述债权在性质及形式上基本一致，便于进行整体的调查和处理。而更为重要的是，职工往往处于弱势群体地位，若要求其向其他普通债权人一样为申请自己的债权而提供书面的证据，在现实中可能许多职工无法提供。因此出于保护职工利益的政策导向，需要管理人依职权进行上述调查和公示工作。

当债权人依法申请了重整债权并按程序得到认定后，其就依法按照被认定的债权额享有了对破产重整计划的表决权。出于对某些不诚信行为的预防，某些国家还对重整中债权人获得债权的原因有着一些禁止性规定，如《日本公司更生法》第 171 条就规定：法院根据权利获得时期、对价及其他情事，认定表决权的更生债权人、更生担保人或股东就关系人会议表决是以收取贿赂等不当利益为目的而取得其权利时，可以不许可其行使表决权。[①] 因此当债权人以某种不正当利益取得债权时，在重整计划表决时，出于诚实信用和公平的考虑，应当时禁止其表决权的行使。这种规定可以在一定程度上避免某些恶意利用重整程序获取利益的现象，从而保障其他主体的合法利益。

除享有破产重整计划表决权的重整债权人外，股东是否应当享有表决权是一个比较特殊的问题。对于这个问题各国或地区的立法并不一致。根据《日本公司更生法》第 129 条的规定，股东凭其持有的股票参加重整程序，并按其股票的数额享有相应的表决权。但公司有作为破产原因的事实时，股东无表决权。而我国台湾地区公司法第 302 条则规定，公司无资本净值时，股东组成不得行使表决权。这种立法例实际上是以股东对公司是否还享有剩余价值索取权，来判断股东是否应当享有重整计划表决权。当股东所享有的所有者权益已经为负值时，一般公司的资产肯定是达到了资不抵债的状况，此时的债务人公司实际上已经具备了破产清算的条件。那么，债务公司的控制权应当从股东手中转移至债权人，且此时破产重整计划的相关内容已经不能在实质上影响到本已经是负值的股权权益，所以法律在这种情况下并不赋予股东对破产重整计划的表决权。但根据我国 2006 年新《破产法》第 85 条规定，重整计划草案涉及出资人权益调整事项时，应当设出资人组，对该事项进行表决。对此笔者认为应该有

---

① 王书江.日本商法典［Z］.殷建平译.北京：中国法制出版社，2000：416.

两层含义的理解，一是当重整中的公司已经处于资不抵债的状况，此时的股东已无权益可言，破产重整计划也不可能影响到股东的权益，因此在表决中没有设立出资人组的必要，此时股东自然不具有表决权；二是当在上市公司破产重整中，由于存在第三方"借壳"上市的情况，这种重整模式必然会发生股权的变更，此时因为涉及股东的利益，因此应当设立出资人组，赋予股东对重整计划的表决权。

（二）破产重整计划表决的分组

在破产清算程序中，对破产财产的分配方案是通过一个统一的机构——债权人会议来表决。而在破产重整程序中，与破产清算程序中集体表决模式所不同的是，其采用的是分组表决的方式。究其原因，由于破产重整程序的立法目的不仅仅是单纯地清偿债务，其立法价值取向也在于保护社会整体利益。因此从理论上看，破产重整计划所包含的内容在保护社会整体利益的立法价值影响下，应当是对不同类型主体利益的区分保护。而出于实践操作的需要，也需要对不同的利益主体进行区分对待。综合上述几个方面的因素，如果在破产重整程序中也采取和破产清算一样的集体表决模式，则可能因为不同主体间的利益冲突而导致重整计划无法通过。而采用分组表决的方式，由于同一表决组的主体利益需求可能基本相似，有着共同的利益需求，这样可以减少破产重整计划的谈判和表决成本。

就表决分组的立法模式而言，学界普遍认为可以分为法定型、自治型和折中型三种立法例，所谓法定型，是由破产立法明确规定重整计划表决的分组类别，法院及管理人（重整人）不能更改分组的组别。例如，我国台湾地区公司法将有表决权的债权人和股东分为四组——优先重整债权人、有担保重整债权人、无担保重整债权人和股东。所谓的自治型分组，是与法定型相反的一种模式，法律虽然可能规定分组的某些标准，但却赋予法院或管理人（重整人）根据实际情况进行灵活分组的权利。如美国联邦破产法 11 章第 1122 条就规定，重整计划可以规定一个单独的请求权类别，仅由无担保的债权组成，且该债权小于或被减少至法院认为合理便于管理需要的数额。除此之外，重整计划可以把某一类别债权或股权归为某一特定的类型，只要该债权或股权实质上与该类别中的其他债权与股权类似。[1] 这种立法规定实际上赋予了重整当事人灵活分组的权利，而有学者认为在美国的破产重整实践中经常把表决权分为优先请求

---

[1]　参见 U. S. C（2000 Edition），Title 11，Section1122（a）（b）.

权、担保债权、无担保债权、次位债权以及股东等五种组别（李永军，1999）。所谓折中型，指法律虽然规定了分组的标准，但又允许法院或管理人（重整人）根据实际情况对分组加以改变。如《日本更生法》第 158 条就将重整计划的表决组别分为更生担保人、有一般先取特权及其他一般优先权的更生债权人、除前者外的更生债权人、有劣后债权的更生债权人、持有特别股的股东以及普通股东。同时其又规定法院可以根据实际情况对前述分组进行合并或分离，但不可少于更生债权人、担保权人和股东。

　　就我国 2006 年新《破产法》的规定而言，其在第 82 条将破产重整计划的表决组根据债权的性质分为：对债务人的特定财产享有担保权的债权；债务人所欠职工的工资和医疗、伤残补助、抚恤费用，所欠的应当划入职工个人账户的基本养老保险、基本医疗保险费用，以及法律、行政法规规定应当支付给职工的补偿金；债务人所欠税款；普通债权。同时还规定，人民法院在必要时可以决定在普通债权组中设小额债权组对重整计划草案进行表决。而在第 85 条则对股东的表决权作出规定，重整计划草案涉及出资人权益调整事项的，应当设立出资人组，对该事项进行表决。对于我国的上述规定，其对不同性质的债权做出了强制性的分组，仅仅赋予了法院在特殊情况下在普通债权组内划分出小额债权组的权力。因此从整体上看，我国的立法还是倾向于法定型。

　　在我国上市公司的破产重整中，2006 年新《破产法》中对破产重整计划表决分组的规定不一定符合实践的需要，这主要体现在以下几个方面：

　　首先，对于上市公司而言，由于其一般为大型公司，涉及的职工人数较多。在实践中，当进行重整计划的表决时，如何组织人数较多的职工有效行使自己的表决权，无疑是一大难题。而一旦组织不当，则有可能使得本来在重整过程中就处于弱势地位的职工利益受到损害，甚至引发一些可能影响稳定的社会问题。

　　其次，上市公司股东介入破产重整计划表决的问题。虽然 2006 年新《破产法》赋予了股东在一定条件下参与计划表决的权利，但这种股东集中投票的方式不一定符合上市公司重整中不同类型股东的利益需求。前文将上市公司股东分为股票投资股东和非股票投资股东，该两类股东由于其投资收益来源的不同，在重整中所追求的利益目标也会有差别。虽然近年正在进行股权分置改革，但由于我国上市公司中股权较为集中，在实践中股票投资股东一般多为小股东，且具有数量大、地域分布广的特点。在这种股权结构下，加上我国上市公司重整中存在第三方"借壳"上市的现象，这往往会导致股权结构的变化。因此如何在破产重整计划的表决中，保护诸多的小股东利益，以及如何有效地使其行使表决权，是实践中无法避免的问题。对于上市公司的小股东而言，在人数较多而个体表决权份额又较少的情况下，很容易产生"搭便车"的倾向。另外在实践中，由于缺乏有效的协商机制，上市公司的小股东也很难组织起有效的谈判力量。所以在计划的表决中，有必要针对控股股东和中小股东的利益特点和能力对比，对股东进行表决分组。同时可以考虑在中小股东表决组中建立起一种委托权征集机制或网上表决系统，从而方便分散在全国各地的股票投资者行使自己的表决权。

最后，破产重整计划通过的标准问题。我国 2006 年新《破产法》第 84 条规定，出席债权人会议的同一表决组的债权人过半数同意重整计划草案，并且其所代表的债权额占该组的债权总额的 2/3 以上的，即为该组通过重整计划草案。这种对债权数额和债权人人数的双重要求，一般被称为双重标准，在这两个标准下，一方面可以防止大债权人凭借债权额上的优势侵害小债权人的利益；另一方面也可预防小债权人凭借人数上的优势损害大债权人的利益，这也是一种利益平衡的要求。但严格从法条规定来看，其规定的是债权人表决的通过标准，而我国 2006 年新《破产法》中在规定可以设立出资人表决组时，并没有明确其表决通过的标准。尽管在实践中已经有参照债权人表决的双重标准的做法，但这仍然需要法律予以明确的规定。对于上市公司破产重整而言，由于多涉及股权的调整和变化，对于股东组表决标准的需求显得更为迫切。

二、上市公司破产重整计划的修改

在上市公司的重整中，由于涉及的利益主体众多，在制定过程中可能发生数次的修改。这一修改的过程与上市公司破产重整中各主体的利益冲突与博弈密切相关。应该说，上市公司破产重整计划在制定中进行的修改，是各方主体相互协商、妥协的结果，体现了重整中利益平衡的过程。从上市公司破产重整计划修改可能发生的时间而言，在计划进行表决前，计划的制定方在与其他利益主体的协商过程中，可能多次发生对计划的修改。另外，破产重整计划在表决过程中，在某些表决组中可能因为利益冲突而产生较大异议，此时也可能发生对计划的修改。而当破产重整计划被法院批准后，在执行过程中，因为某些不可预料的特殊情况也可能会产生修改计划的需要。

首先，对于在上市公司破产重整计划制定过程中的修改而言，此时涉及两个方面的问题。一方面，计划的制定方在考虑计划具体内容的过程中，由于涉及各方不同的利益需求，不可能由制定者单独闭门造车。对于其中的主要利益主体，制定方必然会有多次的协商和谈判。如在有第三方"借壳"上市的情况下，原有股东特别是控股股东的股权如何让渡，第三方应当支付多少的对价，这些问题都并非重整计划制定方所能决定的，需要进行多轮的协商和修改。而在债权清偿和减免的问题上，更是需要和大额债权人进行协商。对于担保债权人中的银行等金融机构，其金融债权的减免问题由于银行内部监管的原因，在协商的过程中甚至需要政府等公权力机构的出面协调，而涉及的计划内容也可能根据实际情况的不同而多次修改。

另一方面，除了上述与上市公司破产重整中的主要利益主体协商而导致的修改外，在计划提交表决前，一般按照法律规定还需要有一个信息披露环节。如我国 2006 年新《破产法》第 84 条第 3 款就规定，债务人或管理人应当向债权人会议就重整计划草案作出说明，并回答询问。这种程序上的设计使得在计划制定过程中，没有机会和制定方独立协商的利益主体有了获得破产重整计划信息的渠道。同时对于计划制定人而言，也可以在将破产重整计划草案正式交付关系人会议表决前，多方获取其他利益主体对该计划草案的态度。这一方面对于某些重要询问可以及时做出解释和沟通，从而提高计划通过的成功率；另一方面也可以对于某些矛盾较为突出的计划内容及时做出修改。而在我国上市公司的破产重整中，由于存在众多的证券投资者，与控股股东不同的是，其在计划的制定阶段很难与制定者有直接的协商谈判机会。因此在实践中，为了保护中小股东的利益，也为了促使计划的表决顺利通过，有必要在正式表决前通过证券市场的信息披露机制对广大的中小股东公布计划草案的内容，并向其提供一种表达异议进行协商的渠道。

其次，对于在提交关系人会议表决程序中的破产重整计划修改而言，由于重整计划涉及主体的利益目标各有不同，其表决不适宜采用破产清算那样的集中表决方式。因此，在计划的分组表决中，可能会出现某些表决组达到了通过计划的标准，而某些表决组则可能因为利益需求的不同或利益冲突的矛盾而无法通过破产重整计划。此外，因为破产重整程序的立法价值取向是为了保护社会整体利益，因此在计划中对程序所涉及主体的利益一般都会涉及。当某一表决组无法通过重整计划草案时，在不损害其他表决组利益的前提下，法律也并不禁止对计划中涉及该表决组主体利益的相关内容进行修改。这一方面符合破产重整程序的立法价值取向，有助于在实质上实现利益平衡的目标；另一方面通过这种灵活的修改方式可以在实践中提高计划的通过率。

最后，对于破产重整计划执行过程中的修改而言，由于传统重整程序的目的在于恢复债务人的经营能力，在我国的上市公司破产重整中，虽然存在第三方通过重整程序"借壳"上市的非传统重整模式，但第三方"借壳"上市后，仍然面临着使上市公司恢复正常经营的任务。因此在上市公司破产重整计划中，除了融资内容和债权清偿内容外，一般还涉及债务人的经营恢复等相关内容。如果说融资和债务清偿等内容有着一定程度的固定性，那么有关债务人经营能力恢复的内容则可能在执行中遇到不可预料的经营风险，会导致若严格按照原有破产重整计划执行则无法达到重整目的的可能。由于上市公司的经营活动本身就是一项很灵活的综合性工作，因此在面临某些不可预料的情况时，过于死板地遵守计划内容则有可能导致重整的失败。但对于这种在执行过程中的破产重整计划修改，我国2006年新《破产法》尚未有规定。因此对于此时的计划修改应该遵循怎样的原则，通过什么的程序使之具有法律上的效力等问题，是探讨如何完善我国上市公司破产重整计划制度时所需要考虑的问题之一。

本章小结

作为破产重整制度的核心内容，破产重整计划是重整成功的关键所在。在重整程序中存在多方利益主体的情况下，破产重整计划的制定和表决集中地体现了各主体间的利益冲突和平衡过程。由于我国上市公司破产重整的特殊性，和普通非上市公司相比，其计划的制定有着鲜明的特点。同时从破产重整程序立法价值和我国上市公司破产重整的政策需求出发，破产重整计划的制定也应遵循利益平衡的基本原则，在该基本原则下上市公司破产重整计划的制定还应当遵循共同协商以及特殊保护两项具体原则。在计划制定的过程中，法律赋予不同主体参与制定计划的权利，将会在一定程度上影响到该过程中的利益冲突格局。而我国法律除了赋予债务人和管理人制定破产重整计划的权利外，其他利益主体介入的空间有限。无论是债务人（上市公司）还是管理人承担上市公司破产重整计划的制定，政府等公权力机构在其中所起到的作用无疑值得我们关注。同时，就上市公司破产重整计划表决的分组以及计划修改而言，我国的立法以及实践在股东表决分组及表决通过的标准，职工表决权的行使，如何保护证券市场上中小股东的利益，以及计划执行中的修改等方面还存在诸多的不足，这也是探讨如何完善我国上市公司破产重整计划制度时所需要思考的问题。

第五章
上市公司破产重整计划的批准与执行

在上市公司的破产重整中，利益关系的特点之一就是利益冲突调节中的公权力色彩。同时上市公司本身复杂的利益主体和重整中各类主体利益目标的多元化，导致了上市公司在破产重整过程的利益冲突格局。而重整程序的立法价值取向以及制度的具体设计，使得债务人（上市公司）重整的成功离不开各主体间利益平衡的实现。在上市公司破产重整计划的制定和表决过程中，各主体为了使其利益在计划中能有所体现，会在上述环节集中发生利益冲突和博弈。而破产重整计划能够最终出台并经过分组表决通过，这必然是各主体间达成利益平衡的结果。对于政府等公权力在上市公司重整过程中的介入行为，一方面其具体行为的背后有着特定政策的引导；另一方面虽然政府等公权力机构不是法定的破产重整计划制定者，但无论在管理人还是债务人制定计划时其都有着进行干预的空间。当上市公司破产重整计划得到不同利益主体的认可并在分组表决中获得通过后，此时从法律效力上讲其尚未具有法律上的强制性。同时各利益主体虽然可能已经就上市公司重整中的主要事由基本达成一致，政府等公权力也在破产重整计划的制定和表决中发挥了自身的影响，但此时的计划内容仍然属于一种书面的多方协议，重整中各方主体的利益平衡和政府的政策并未形成一种客观事实或达到具体的效果。因此，当上市公司破产重整计划制定完成并通过表决后，还需要法院的司法批准程序以获得法律上的效力，从而通过具体的执行在客观上真正实现破产重整计划所体现的利益平衡和政策导向。

第一节　上市公司破产重整计划的批准

破产重整计划发生法律效力，经过法院的批准是必不可少的条件之一。破产重整计划之所以需要法院批准后才能生效，有研究者认为有三个方面的原因：

第一，重整程序是一种司法程序，法院的批准是司法权在重整程序中发挥作用的重要体现；第二，是实现重整程序追求公共利益的立法政策的需要；第三，是为了保护对计划持反对意见的债权人，通过法院的审查，把对债权人不公平、不合理的计划拒之门外（李志强，2008）。从理论上看，破产重整计划可视为一项多方协议，虽然在制定或表决过程中有政府等公权力机构介入的现象，但其制定和表决仍然是各个利益主体间一种合意的达成。当然在这个过程中，特别在表决环节，肯定会有对破产重整计划持异议者。单纯从契约合意的角度看，在表决中持有异议并投反对票的主体，实际上并没有就破产重整计划与其他利益主体达成意思上的表示一致。但与其他私法契约所不同的是，破产重整计划应当对所有的表决组成员产生效力。因此，在这种情况下，法院的批准不失为一种对破产重整计划未获得全体表决组主体同意的效力补充。通过司法权的介入，使破产重整计划的效力能够及于未达成合意者，这也算是破产重整程序中私法自治下公权力干预原则的体现之一。

法院批准破产重整计划可分为两种情况，一是当破产重整计划已经在各个表决组获得通过，法院经过一定程序审查后批准该计划，这种批准可以称为正常批准；二是在破产重整计划未获得全部表决组通过的情况下，法院仍然依照一定的判断标准批准该计划，这可被称为强制批准。在这两种批准模式下，公权力干预破产重整程序的程度有所不同。而对于法院的批准行为而言，除必须遵循一定的程序外，在考虑是否应该批准破产重整计划时还需要判断该计划是否符合一定的实体性条件。在正常批准和强制批准的情形下，两者对法院批准条件的要求无疑是有所不同的。而在上市公司破产重整计划的批准中，由于我国上市公司破产重整实践的特殊性，法院的批准还会面临某些特殊问题。

一、上市公司破产重整计划的正常批准

（一）相关立法例分析

就破产重整计划的正常批准而言，我国 2006 年新《破产法》只做了概括性的规定，只要在各表决组通过的情况下，法院审查符合法律规定就应当裁定批准。而法院批准程序的启动在于重整债务人或管理人，按照 2006 年新《破产法》规定，自重整计划通过之日起 10 日内，债务人或管理人应当向人民法院提出批准重整计划的申请。法院经审查认为符合法律规定的，应当自收到申请之日起 30 日内裁定批准。

从上述规定来看，破产重整计划正常批准的程序较为简单，债务人或管理

人负责启动批准程序，而法院则需要在规定时间内做出批准与否的决定。从立法上看，法律并未赋予法院主动批准重整计划的职权，这在某种程度上体现了破产重整程序的私法性。虽然在破产重整程序中，较普通的民事诉讼程序，有着更多的公权力介入的痕迹，但其所涉及的主体更多的还是私法上的利益主体，无论是债务的清偿，还是债务人经营能力的恢复，都属于私法调整的范畴。只是在破产重整过程中，由于涉及的利益主体众多，且债务人为大型企业时，在破产重整程序的私法性中又介入了某些公法的色彩，所以，虽然破产重整计划不能如同其他多方契约一样，只要主体间意思表示一致就可以受到法律的认可和保护，但其所直接调整的毕竟主要是私法上的利益，应该由其相关利益主体来启动法院的司法批准程序。

　　除程序性的规定外，我国 2006 年新《破产法》没有规定法院批准破产重整计划应当审查哪些实体性内容或遵循什么样的原则和标准。对于这两方面的问题，国内研究者有部分论述，其中有学者指出，可以将法院正常批准公司重整计划的条件归纳为三个：一是公司重整计划是否符合法律规定，这包括计划的内容和计划的程序两个方面；二是公司重整计划的制定人提出公司重整计划是否是善意，重整计划是否以诚实公正的方式作出，是否使用了法律禁止的手段；三是公司重整计划是否符合债权人最大利益原则，是否可行（汪世虎，2007）。也有研究者提出重整计划应符合以下条件，即符合法律规定；计划公平；计划为善意提出；计划符合最大利益标准；计划能得到最低限度的接受（李晓燕，1998）。而对于法院正常批准重整计划的适用原则，有研究者认为应遵循下列原则：合法原则；公平原则；绝对优先原则；最大利益原则；最低限度接受原则；诚信原则（肖金泉和刘红林，2007）。[①] 对于该问题，笔者认为，由于破产重整特别是上市公司破产重整中涉及的重整计划内容较为繁杂，且不同的公司面临的具体问题也会有较大差别。这种差异所直接导致的就是计划内容的多样性，法院在审查破产重整计划时也需要根据重整公司的实际情况来具体判断计划是否符合批准的要求。因此对于法院审查批准破产重整计划，法律无法作出过于细节性的规定。而也正是因为其多元性，从各国的立法实践来看，对于法院批准破产重整计划的条件规定也有所区别。

---

　　① 对于法院审查重整计划的原则问题，还有研究者提出了十项原则，即合法原则、公正原则、不歧视原则、最大利益原则、公开原则、诚信原则、最低限度接受原则、可行性原则、民主原则、一次重整一个计划原则。参见汤维建. 破产重整程序研究［A］. 梁慧星. 民商法论丛（第 5 卷）［C］. 北京：法律出版社，1996：196-198.

　　就法律规定法院批准破产重整计划条件的详略程度而言，日本的立法较为简单原则，美国联邦破产法最为详尽。《日本公司更生法》第233条规定的法院批准重整计划的条件可归纳为：重整程序或计划符合法律规定；重整计划公正、平衡且切实可行；决议以诚实、公正方法形成；若重整计划涉及合并内容，须有其他公司股东会决议等。这些条件多规定得较为概括，带有原则性的意味。根据韩国《公司重整法》第233条规定，当重整计划具备下列要件时，法院可以做出重整计划的批准裁定：重整程序或计划符合法律规定；计划公正、平衡、可行；表决以诚实、公正的方法做出；关于以合并或分立合并为内容的计划，由公司股东大会承认合并合同书或分立合并合同书的表决做出的；关于需要行政厅的许可、认可、其他处分的事项，计划做出规定时，不违反依第194条第2款规定的行政厅意见的重要内容。即使重整程序违反法律规定，考虑其违反的程度、公司的现状、其他所有情况之后，仍然认为不批准计划系不适当的情形时，法院可以做出计划批准的裁定（金星均，2006）。而美国联邦破产法则对该问题规定的最为详尽，该法第1129条一共规定了法院审查批准重整计划的13项具体条件，其中主要包括了：重整计划内容符合第11章的规定，重整计划提案人身份的合法性，计划需依诚实信用原则提出，关于费用的说明，说明重整计划批准后相关继任者的情况及报酬，债务人费率改变的条件，重整计划中需保证表决过程中异议者的权益，重整计划中的请求权种类和不受重整影响的请求权种类，对特定优先权的处理，至少一个表决组通过重整计划的表决，说明该重整计划的批准不会导致债务人的清算等方面。①

　　除了对实体性内容方面的审查外，法院在审查破产重整计划时还有程序上的要求。我国台湾地区公司第307条就规定，法院批准裁定重整计划前，应审查关系人会议的召集程序与表决方法是否符合法律规定，同时还需要咨询中央主管机关及证券管理机关和利害关系人的意见。美国联邦破产法也要求法院在审查前，需举行听证会，听取各方利害关系人的意见。②而大陆法系中的典型代表德国也有类似的立法规定，要求法院在做出认可决定前应听取破产管理人、债权人委员会和债务人的意见（何旺翔，2007）。

　　综合上述立法规定，可以发现，在法院正常批准破产重整计划时，其审查的程序除需要当事人主动启动外，在做出裁定前法院一般还需要通过咨询或举行听证会等方式听取利益关系人的意见。这种制度上的设计，一方面可以弥补在计划

---

① See U. S. C（2000 Edition），Title 11，Section1129（a）.

② See U. S. C（2000 Edition），Title 11，Section1128.

制定阶段，某些利益关系人无法介入其中表达自身利益诉求的缺陷；另一方面也是出于重整程序保护社会整体利益的立法价值要求。而就法院审查批准破产重整计划的实质性条件来看，笔者认为，与程序上的要求不同，破产重整计划的实质性审查对于司法机关来说较难把握。破产重整计划因为债务人的不同，所包含的内容也会在细节上有所不同。除了涉及大量的法律、财务问题外，在涉及恢复债务人的经营能力时，实际上更多的是一些商业事项。对于司法机关而言，其在审查破产重整计划时，无论是出于其职责还是专业能力的考虑都应将审查的重点限于法律问题的范畴之内，而不应过多地介入商业事项的审查之中。这样的理由在于"此种商机之研判通常是以该行业之专门知识与经济为基础所作之价值取舍，既非外行人事前所得臆测，尤非得于事后以其结果之成败臧否当初决策之正确与否。美国各州法院在处理公司法之实务上，对于此类纯粹公司董事所为商机之决策，恒托以商业判断原则而就其内容不为正反之评价。"①

结合实践，对于我国上市公司的破产重整计划而言，由于其计划内容较普通非公司重整有所不同，特别在我国上市公司破产重整中存在第三方借壳上市的情况下，加之政策导向的影响，法院在审查批准上市公司破产重整计划时所需要注意的问题和条件在一定程度上会有所不同。

（二）法院正常审查批准上市公司破产重整计划的原则

就法院审查批准上市公司破产重整计划的原则而言，由于上市破产重整计划的多元性特点以及计划中存在大量商业事项的原因，立法很难就法院审查批准的条件做出一个或多个固定的模式，也无法规定得过于细节化。在这种现实情况下，法院在审查批准上市公司破产重整计划时，需要有一个或几个原则性的理念来指导法院的审查批准行为。

首先，从上市公司破产重整计划的制定来看，前文已经论及利益平衡是其基本原则之一，若按照该原则进行计划的制定，上市破产重整计划的内容应当在各利益主体之间形成有效的利益平衡关系。就计划的表决而言，由于采取分组表决的方式，该破产重整计划表决通过的前提应该是得到各组大多数利益主体认同，但也不能排除在某些情况下，在制定计划或表决过程中，某些利益主体利用其优势地位损害其他主体利益的可能。因此，在法院审查上市公司破产重整计划时，首先也应当遵循利益平衡的基本原则。这一方面在于利益平衡是实现重整程序立法价值的基本要求，另一方面也是达到重整实际效果的需要。

---

① 王仁宏.商法裁判百选［M］.北京：中国政法大学出版社，2002：130.

如果重整程序成为某些主体谋求自身最大利益的工具，或者在这过程中还损害了其他主体的利益，则这种破产重整计划执行起来即使最后恢复了债务人的经营能力，也没有达到保护社会整体利益的目的，甚至还和法律所追求的公平价值相违背。因此，法院在审查上市公司破产重整计划时，判断计划内容是否符合批准要求时，利益平衡仍然是其应当遵守的基本原则。

其次，在利益平衡的基本原则下，不同上市公司的破产重整计划内容虽然可能差异较大，但作为一项法律程序中的环节之一，内容的合法性自然是理所应当的要求之一。这种合法性原则要求，除了单纯的不违背法律强制性规定外，还应当包含着目的正当性的含义。当然这种目的正当性的内涵和外延有着模糊性，但在实践中也可以根据实际情况具体分析。国外有学者对此指出，若重整计划的提出只是为了避税，避免取消抵押物回赎，或者是基于虚假的信息披露，法院可以以不具备善意为由不予批准。同时若有债权人为计划制定方提出一个特定的重整计划，而对制定方有贿赂行为，那么法院也不能批准该计划，即使该计划的其他内容是可以批准的。[①] 因此，我国法院在审查上市公司破产重整计划时，无论是在传统的重整模式下，还是第三方"借壳"上市的重整模式下，其相关利益主体启动重整程序的目的都应当具有合法性。如果存在诸如利用重整程序恶意逃债等目的，则法院应不予以批准。

最后，法院在审查批准上市公司破产重整计划时还应当遵循利益比较原则。这里的利益比较是指相关主体通过重整程序所能获得的直接利益，不能小于其通过破产清算程序所能获得的直接利益。遵循该项原则的原因在于，重整程序的诞生，从经济理念的角度上看，就是认为债务人的经营价值要大于债务人的清算价值，恢复债务人的经营能力，保留其市场经营主体资格，为相关主体所带来的利益要远远大于单纯地变卖其财产进行债务清偿所带来的利益。对此，在美国的 In Re Merrimack Valley Oil Co. 一案中，法院就指出一个重整方案被通过的前提条件是，债权人必须得到与其在债务人清算的情况下所能获得的同样多的利益。除非每一组的每一个人都接受方案，否则法院必须让每一个债权人在方案生效之日，得到或是保留的请求权金额或财产上的权益不少于债务人清算时所能得到的数额。[②] 对于我国法院审查上市公司破产重整计划而言，该原则不仅符合重整程序产生的经济需求，在我国上市公司退市机制不完善的状

[①]　See Martin J. Bienenstock，Bankruptcy Reorganization［M］．Practising Law Institute，1987：581.

[②]　该案件的具体内容可参见翼宗儒．美国破产法案例评选［M］．北京：对外经贸大学出版社，2006：376-383.

况下，对第三方盲目地寻求上市"壳资源"或地方政府等公权力机构一味地保住上市公司资格的行为也是一种制约。也可以在一定程度上避免没有重整价值，不可能恢复经营能力的上市公司通过重整程序而继续存在于证券市场上，影响市场资源的有效配置。

对于我国立法规定的法院审查批准上市公司破产重整计划的法律规定而言，有研究者指出立法没有规定重整计划的可行性原则（李志强，2008），对此笔者认为，法院作为专门的司法机构，如果完全由其来判断重整计划的可行性是不科学的。特别是在上市公司破产重整计划中，可能涉及大量的融资专业内容，或对财务问题的解决，这些毫无疑问不应当由司法机构来判断。对于法院审查批准上市公司破产重整计划的可行性问题，应当仅仅是对计划中涉及法律问题的审查。换而言之，这种"可行性"应当是法律层面的可行性，而这方面的内容又可以被前文所提及的法院审查批准重整计划的合法性原则所涵盖。对于上市公司重整计划中的其他内容，则可要求提供专业机构或人员的独立书面意见，来辅助法院做出判断，即债务人可通过制定详细的商业计划，向法院提供由财务人员、会计师、商业顾问或其他专家出具的证明意见来证明，通过重整其完全有能力使其财务状况恢复正常（大卫·G. 爱泼斯坦、史蒂夫·H. 尼克勒斯和詹姆斯·J. 怀特，2003）。

（三）法院正常批准上市公司破产重整计划时的特殊法律问题

就法院正常批准上市公司破产重整计划时所需要注意的法律问题而言，一般的非上市公司重整，其所涉及的法律问题一般限于传统的公司法、破产法或合同法等范畴。但对于上市公司而言，由于其涉及证券市场的证券交易等问题，在法院对其破产重整计划的审查批准过程中，在合法性原则的指导下需要关注的法律问题可能与普通非上市公司会有所不同。

首先，就上市公司破产重整计划中涉及融资的相关内容而言，财务困境往往是重整中的上市公司所面临的共同问题。而与普通非上市公司融资手段不同的是，上市公司除传统的债务融资外，还可以通过发行证券等方式来进行重整过程中的融资。从实践和法律规定来看，证券的发行有公开发行和非公开发行两种方式。就公开发行证券而言，从保护社会公众利益出发，我国的相关立法及行政法规规定了较为严格的条件，其中对上市公司的财务及盈利状况更是有着强制性的要求。如中国证监会颁布的《关于上市公司配股的规定中》第 1 条第 5 款就要求公司上市超过三年完整会计年度的，最近三个完整会计年度的净资产收益率在 10% 以上，若上市不满三个会计年度的，按照上市后所经历的完整会计年度平均计算。而在《上市公司证券发行管理办法》第二章中，对上市公司公开发行证券作了更为细节化的规定，其中就要求上市公司的盈利能力具有可持续性，并财务状况良好。从以上条件看，重整过程中的上市公司是很难具备上述条件的。对此有学者指出，上市公司重整的目的是要解决其财务困境，恢复正常的经营活动，而在重整过程中能否获得新的融资，往往事关重整之成败。因此要保障公司能够顺利重整，法律必须为其开拓再融资渠道，在发行新股方面作出特殊规定，放宽条件（王欣新和徐阳光，2007）。

　　而对于非公开发行证券而言，法律及相关行政法规并没有对上市公司的财务和盈利状况作出如同公开发行证券一样的严格规定。在我国的上市公司破产重整中，存在第三方通过重整程序"借壳"上市的可能。在这种情况下，第三方需要合法地成为上市公司的控股股东，而达到这一目的不外乎两种方式，即通过原有股东转让股权，或者通过收购重整中的上市公司非公开发行的股票。但是在原有股东转让股权的过程中，按照我国现行法律及相关行政法规，当收购人持有一个上市公司已发行的股份达到30%时，继续进行收购的，应当依法向该上市公司所有股东发出收购上市公司全部或者部分股权的要约。而一旦触发了要约收购，会大大增加融资的成本，这无疑会影响上市公司破产重整计划的执行。根据《收购办法》第62条规定，上市公司面临严重财务困难，收购人提出挽救公司的重组方案取得该公司股东大会批准，且收购人承诺三年内不转让其在该公司中所拥有的权益，在上述情况下，收购人可以向中国证监会提出免于要约收购的申请。从规定的精神来看，这意味着在特殊情况下，要约收购是可以豁免的。但单纯就法规的适用来看，该规定仅仅适用于上市公司的重组，而程序上的要求（股东大会批准）则和破产重整程序不相符。因此由于目前我国公司法、证券法等相关法律法规与2006年新《破产法》的矛盾和冲突，法院在审查批准上市公司破产重整计划时，关于上市公司的融资问题会遇到诸多的法律冲突问题。

　　其次，就上市公司破产重整计划中的债务清偿问题，由于在计划表决中债权人所起的作用至关重要，因此关于债务清偿的内容在破产重整计划中也占有重要的地位。而对于上市公司破产重整而言，重整时间的有限性使得其在进行债务清偿时往往采用剥离债务或"债转股"的方式来达到债务清偿的目的。就剥离债务的方式而言，需要第三方来承接债务，其主要目的是在尽量短的时间内将上市公司的"壳资源"变为"净壳"而便于第三方的"借壳"上市。从法律上看，这属于债务的转移，只需要债权人同意即可。但若在破产重整计划中涉及第三方承接债务，则严格地说在计划表决中需要涉及债务转移的全体债权人表决同意后，重整计划的该部分内容才可以对每一个债权人发生效力。但这样，这种民事法律上的债务转移规则和破产重整计划的表决规则就发生了矛盾和冲突。

对于"债转股"的问题，在上市公司破产重整中由债权人将其对债务人（上市公司）所持的债权转变为对上市公司的股权投资，从而成为公司股东。就实际效果来看，这种模式一方面可以减轻上市公司的财务负担；另一方面在上市公司破产重整过程中较难符合发行证券的情况下，为第三方提供了"借壳"的另一种途径。这种"债转股"的方式，在法律实质上是一种用债权出资的行为。按照我国现行公司法的规定，虽然经过修订后对出资的形式有所放宽，但对债权能否作为公司的出资没有作出明确的规定。从立法上看，公司法对非货币财产的出资规定是能够以货币估价并可以依法转让。从这一规定来看，债权作为公司股权的出资，只要能够以货币估价就是与公司法的规定不矛盾。只是在实践操作中，由于单纯的"债转股"方式除了能够在会计意义上改善上市公司的财务状况，并不能在实际上增加公司恢复经营能力所需的现金流。因此，这种模式一方面可考虑作为一种融资或债务清偿的辅助手段；另一方面也可考虑就重整过程中"债转股"的运用标准作出特殊性的法律规定。

最后，就法院正常批准上市公司破产重整计划所需要注意的弱势群体利益保护问题而言，这其中的典型为职工的利益保护。以职工的利益为例，其包括了职工职权的受偿和裁减员工及解除劳动合同两方面的问题。对于职工债权的受偿，我国2006年新《破产法》在破产清算程序中赋予了职工工资及其社会保险费用在清偿时的一定优先地位，并对担保债权和职工债权的优劣问题，在不同情况下的优先标准做了具体规定，但是对于在重整程序中如何处理职工的债权却没有相应的规定。这使得法院在审查批准破产重整计划时，对于是否需要在一定程度上对职工等弱势群体的利益进行保护，会面临无法可依的尴尬。当然在实践中，由于在上市公司破产重整计划的制定过程中，存在着政府行为的介入，出于保护职工利益的政策需要，一般在设计相关债权清偿方案时，都会考虑对职工的工资债权以及社会保险费用进行全额的清偿。①

此外，除了直接的职工债权利益外，在上市公司破产重整中，一般会根据

① 如在重庆朝华科技的破产重整中，提交表决的破产重整计划在职工职权调整方案部分，就提出职工债权不做调整，按经确认的债权数额全额清偿，即清偿率为100%；另外，朝华科技欠缴的职工债权以外的社会保险费用，根据《破产法》第八十三条之规定，参照职工职权全额清偿，该社会保险费用的债权人不参加重整计划草案的表决。

企业的经营状况进行用工方面的调整。如有第三方以"借壳上市"为目的的介入，在完成股权的置换后，由于新的控股方可能存在不同的主营方向或经营思路，因此上市公司人员的辞退或部门机构的调整是不可避免的。在这个过程中，如果出现侵犯职工合法利益的情况，法律并未规定可以以何种途径进行救济。法院在审查上市公司破产重整计划时，这部分内容在计划中往往不会有体现，而事后又缺乏有效的法律层面的监督机制。因此是否要求在破产重整计划中的恢复上市公司经营能力部分，对职工合法权益的保护作出要求，值得我们做进一步的思考。

（四）法院正常批准上市公司破产重整计划时的程序性问题

就法院正常批准上市公司破产重整计划所需要注意的程序性问题而言，我国 2006 年新《破产法》规定得较为简单，其程序的启动由债务人或管理人在计划表决通过之日起 10 日内，向人民法院提出批准的申请。法院在收到申请之日起，30 日内裁定批准。除了前述所涉及的部分实体性问题外，法院在审查上市公司破产重整计划时有两方面的程序性问题值得关注。

首先，关于征求利益各方意见的问题。从前文涉及的各国立法来看，法院在审查批准破产重整计划时，需要在作出裁定前，通过咨询或举行听证会等方式听取利益关系人的意见。由于破产重整计划是重整程序的核心，也是各类主体利益需求的集中表现，但在制订和表决破产重整计划的过程中，不同利益主体的谈判机会和表达自身利益需求的能力并不相同。因此在法院审查批准破产重整计划时，必须考虑到是否有利益受到破产重整计划影响的主体在前面的程序环节中未能有机会表达自己的利益诉求。因此从保护社会整体利益的立法价值角度，以及实现利益平衡的实践需要出发，法院有必要在作出裁定前，以举行听证会的形式让相关利益主体有最后一次表达利益诉求的机会。这种由法院直接主导的利益表达渠道，对于上市公司这类涉及利益主体众多的公众型公司尤为重要。我国 2006 年新《破产法》对于法院审查破产重整计划的规定中，并未涉及类似的程序要求，这无疑不利于破产重整中保护社会整体利益的要求。同时由于在破产重整计划的制定过程中，一般由债务人或管理人负责，法院并未直接参与其中，其并不一定能对制定过程中各利益主体的谈判情况或利益诉求有着全面的了解。因此在法院审查时设置听证会的环节，对法院全面掌握破产重整计划的制定信息也是大有益处的。而对于听证会上收集的意见或异议，应当在法院审批破产重整计划时产生什么样的法律效力，在法律程序上应当做什么处理，这些细节问题都有待我国立法或司法解释做进一步的规定。

其次，对于征求专业机构或专业人员意见的问题。上市破产重整计划所包含的内容，不仅仅是单纯的法律问题。在第三方"借壳上市"的情况下，其中的股权变更以及相关债务清偿的执行中或许会涉及部分法律问题，但由于破产重整程序的核心目的在于债务人经营能力的恢复，而经营能力的恢复在实质上应当是一种商业上的判断。因此无论是引入第三方的资金还是剥离已有的债务，仅仅是恢复上市公司经营能力的手段。这些手段中的法律问题，无疑是法院审查的重点。除了合法性的审查外，这些手段或方式是否能在商业层面恢复上市公司经营能力，将这个问题交由作为司法机关的法院来审理，无论从法院专业知识还是从法院职权的角度出发，都是不妥当的。但法院在审查上市公司破产重整时，又不可能仅仅就法律问题做出判断后，就做出批准与否的裁定。因此，需要在法院审查破产重整计划时，增加独立的专业机构或人员出具专业意见的环节。该意见并不一定要具备法律效力，其可以起到证据上的作用，用以证明该破产重整计划的执行能够使得债务人恢复正常的财务状况或经营能力。对于上市公司这种大型公司而言，独立的专业商业意见显得更为重要。

二、上市公司破产重整计划的强制批准

在破产重整计划的表决中，采取的是分组表决的方式，因为破产重整中主体利益需求的多样性，在实践中会出现某些表决组没有通过破产重整计划的现象。如果要求法院审查批准破产重整计划的前提是所有的表决组都必须通过，那么则可能出现部分表决权人以"表示反对"来换取较佳的谈判地位，从而出现所谓的"钳制"问题（王文宇，2002）。一旦出现这种现象，则可能会导致破产重整计划制定或表决成本的大幅度增加，并且在时间上严重阻碍破产重整程序的进程。因此，当破产重整计划无法在所有表决组通过时，不能一概否认破产重整计划的效力。

（一）立法例分析

对于破产重整计划的强制批准，从某种意义上讲是对当事人自治的否认，其通过法院司法权的强制力，赋予未经各表决组通过的破产重整计划以法律效力。在这过程中，法律实际上对部分当事人的意思自治进行了限制，在一定程度上剥夺了其行使异议的权利。在司法权的强制介入过程中，为防止对相关利益主体的合法权益造成损害，法律有必要对法院强制批准破产重整计划进行规范。

以美国破产立法为例，其联邦破产法规定，在破产重整计划中，对于受到

减免的而持反对意见的债权或股权没有受到不公正的待遇，在其他条件具备的情况下，法院可以不顾上述主体的反对意见而批准该计划。其中，破产重整计划对相关债权或股权的公平对待有以下几点要求：首先，对于有担保的债权，在该债权得到承认的数额内，债权人保留其担保权，无论该财产是由债务人保留还是转让给他人。同时担保债权人得到的延期支付不少于其对该财产所享有的担保权益，或者该担保财产的变现所得用以向担保债权人支付，或担保债权人实现了其担保权。其次，对于普通债权，债权人应收到其被承认的债权在计划生效日的价值同等的现金清偿，或顺序在后的债权人和股权人得不到清偿和分配。再次，如果破产重整计划规定股东接受一定财产，则在计划生效时该财产的价值需符合如下最高者：该股东享有的确定的清算中优先权的数额，该股东享有的任何确定的补偿价格或该利益的价值，或后位的权益人将没有任何财产分配。最后，该重整计划的主要目的不是规避纳税或适用 1933 年证券法第 5 条规定。[①]

根据《日本公司更生法》第 234 条规定：若有表决组不同意破产重整计划，法院得变更计划草案，用下列方式保护债权人和股东的权利后，作出批准的裁定。首先对于更生担保人，使担保权的标的财产、权利依然存续，将其转移于新公司，转让他人或保留于公司；其次，将更生担保权人之担保财产、偿还更生债权人的公司财产和将分配给公司股东的剩余财产，以法律规定的公正交易价格出卖，从价金中扣除出卖费用后分配给债权人或股东，或予以提存；再次，以法院规定的该权利的公正交易价格向权利人支付；最后，其他类似前项的方法，公正均衡地保护权利人。[②]

我国台湾地区"公司法"第 306 和 307 条则规定，当破产重整计划未获得关系人会议通过，或经法院指示变更方针再予以审查，仍未获关系人会议通过时，如公司确有重整之价值，经征询中央主管机关、目前事业主管机关以及证券管理机关之意见后，法院就其不同意组，可以下列方法之一修正重整计划裁定认可：有担保重整债权人之担保财产，随同债权人移转于重整后公司，其权利仍然存续不变；有担保重整债权人，对于担保之财产，无担保重整债权人对于可充清偿其债权之财产，股东对于可充分派之剩余财产，均得分别依公正交易价格，各按应得之分，处分清偿或分派承受或提存；其他有利于公司业务维持以及债权人权利保障之公正合理方法。

---

①　参见 U. S. C（2000 Edition），Title 11，Section1129（b）（c）（d）.

②　王书江.日本商法典［Z］.殷建平译.北京：中国法制出版社，2000：432.

　　从上述立法可以看出，在破产重整计划的表决中，若部分表决组未通过计划草案，法院并不一概地否认重整计划的效力，而是在符合一定条件下，强制性地赋予计划法律效力。虽然体现在法律规范上对具体要求的表述各有不同，但在实质上都要求在强制批准时需保证各类主体的利益能受到公平合理的保护，因此也都在一定程度上赋予法院调整破产重整计划的权力。但这种调整后的破产重整计划，一方面不能损害原有已经表决同意主体的利益；另一方面也必须对原有的异议主体给予充分的利益保障。当然，对于法院强制批准破产重整计划，在实质上可以视为司法权对破产重整程序进程的强制推动。那么这里就应当包含着一个前提条件，即债务人确有重整的价值。因此法院强制批准破产重整计划，对各类主体利益的保护和衡量应当是建立在重整可行性基础之上的。

　　就我国 2006 年新《破产法》而言，根据第 87 条规定，法院强制批准破产重整计划的条件涉及以下几个方面：首先，从程序上来看，在未通过破产重整计划的表决组拒绝再次表决或再次表决仍未通过的情况下，债务人或管理人可向法院提出批准的申请；其次，申请强制批准的计划需符合一定的条件，即按照重整计划草案，担保债权就该特定财产将获得全额清偿，其因延期清偿所受的损失将得到公平补偿，并且其担保权未受到实质性损害，或者该表决组已经通过重整计划草案；按照重整计划草案，职工债权及社会保险等和债务人拖欠的税款将获得全额清偿，或者相应表决组已经通过重整计划草案；按照重整计划草案，普通债权所获得的清偿比例，不低于其在重整计划草案被提请批准时依照破产清算程序所能获得的清偿比例，或者该表决组已经通过重整计划草案；重整计划草案对出资人权益的调整公平、公正，或者出资人组已经通过重整计划草案；重整计划草案公平对待同一表决组的成员，并且所规定的债权清偿顺序不违反破产财产分配的规定；债务人的经营方案具有可行性。

　　当提请法院强制批准的破产重整计划符合上述条件时，法院应在收到申请之日起 30 日内裁定批准。对于上述规定的法院强制批准时审查的标准来看，其保护或者说关注的主体涵盖了担保债权人、劳动债权人和普通债权人等主要利益群体。从具体的要求而言，无论是担保债权人还是劳动债权人，都要求能全额实现其担保利益或工资债权等。而对于普通债权人则有着最低利益保护的要求，即所得的债权清偿比例不能低于在重整计划草案被提请批准时依照破产清算程序所能获得的清偿比例。但就出资人的权益，以及重整计划中经营方案的表述则过于原则，在实践中可能造成法律适用上的困惑。同时，在强制批准中如何保护异议主体的权益等问题，在立法中也没有很好的体现。

（二）破产重整计划强制批准的必要性分析

从各国的立法来看，一般都对法院强制批准破产重整计划持一种肯定的态度。有学者指出这是对重整制度的一种补救措施，否则重整除了限制担保物权的行使外，与和解制度将没有任何差别（李永军，1999）。也有学者认为，强行批准体现了司法权力对重整计划的干预，是重整程序区别于和解程序的一大特色，同时也是重整制度设立的目的使然。重整制度实现了私权本位与社会本位的相互协调，它把实现企业重建作为首要目的和任务。重整程序的核心思想就是要为利害关系人创造比企业停业、关闭或清算情况下更高的价值，因此对重整各方当事人来说，强行批准符合他们的根本利益，不仅合理而且有效（汪世虎，2007）。而从实践的角度来看，强行批准重整计划不仅能使债务人有再生的希望，也能使得债权人获得比清算程序更多的清偿，并可提高重整效率（郑志斌和张婷，2007）。

综合上述观点，笔者认为探讨破产重整计划强制批准的必要性，可以从以下几个方面去思考：

首先，破产重整程序所体现的破产法立法价值，决定了重整计划强制批准在制度设计上存在的必要性。当破产重整程序在破产法律制度中诞生时，就标志着破产法律制度的作用发生了从债务清偿向拯救债务人的转变。这种转变在利益主体的范围上，突破了传统的债权人和债务人，而扩张至了其他相关利益主体。因此，破产重整时期的破产法立法价值不再仅仅是保护债权人和债务人的利益，而是转向保护同时包含了债权人和债务人以及其他相关主体的社会整体利益。对于破产重整程序而言，由于其任务不再是单纯的债务清偿，从恢复债务人经营能力的角度出发，在程序的推进中需要对涉及的各类主体的利益进行统一的考量和平衡。在这一过程中，由于破产重整中主体利益目标的多元化，在对破产重整计划的分组表决中可能会产生较大的分歧。同时由于破产重整程序出于对社会整体利益保护的需要，无法对各类利益主体作出优劣的顺序排列。这体现在破产重整计划的表决上，就是不同类型的表决组所拥有的表决权在法律上具有同等效力，即某一表决组通过破产重整计划，其效力并不能当然的及于或优先于其他表决组。由于破产重整计划是整个程序中调整各方利益关系，以及恢复债务人经营能力的执行方案，从逻辑上讲属于一种多方契约，在协商一致的情况下，才能对全体利益主体产生约束力。但在实践中，不同表决组的表决结果可能不尽相同。若单纯地从协商一致的角度出发，要求所有表决组全部表决通过后破产重整计划才能对全体表决权人发生效力，则不仅可能导致谈判成本的增加，而且更严重的是可能导致破产重整程序的名存实亡。因此，为避免破产重整程序因表决的不一致而致使程序的进程受阻，也为了使确实有恢复经营可能的债务人不会因为某些表决组的否决而丧失重生机会，有必要在制度层面设置破产重整计划的强制批准环节。使得破产重整在计划在符合一定条件的前提下，虽然无法获得全部表决组表决同意，仍然可以获得法律上的效力。

其次，破产重整程序可能带来的潜在经济利益，是重整计划强制批准在实践需求中存在的经济基础。破产重整是一项综合性很强的系统工程，其不仅涉及大量的利益主体，在重整过程中也会支付大量的费用成本。无论从理论还是实践的角度讲，在市场经济活动中，任何成本的付出都有寻求合理收益回报的目的。那么在破产重整中，诸多利益主体对一个困境企业投入大量的时间成本以及直接的经济成本时，也必然需要追求合理的利益回报。从理论上讲，破产重整程序的价值基础在于重整对象的营业价值，即企业的价值除了典型的有形资产和无形资产外，在正常经营情况下，其价值还体现在企业的管理模式、职工经验、客户资源等方面。当对处于困境中的企业按照传统的破产清算模式进行处理时，其所体现的仅仅是部分无形资产和有形资产的价值。清算完毕后，随着债务人主体的消灭，上述其余方面的价值也一同消失，债权人也无法从中获得任何利益。而通过破产重整程序，若债务人能恢复正常的经营能力，则不仅其经营价值能够得以保存，债权人也能从其中获得比单纯的清算债务人有形或无形资产更多的利益。从某种意义上讲，经济利益的需求也是破产重整程序存在的原因之一，英国著名的库克报告对此也指出重整制度的建立在很大程度上是考虑到了将公司作为一个经营整体加以维持更加有利于公司价值的实现。① 而在实践中，企业陷入困境也有可能并非是企业价值的问题，除某些不可预测的经营风险外，很多时候也与经营管理者的失误有关，即"破产只能说明经理人员有问题，而不一定说明公司有问题"。② 因此，为了有效地保留债务人的营业价值，从而使各类利益主体的整体利益得到最大化的实现，需要在重整程序中存在一个超越利益主体的第三方权力的存在，使当各方利益主体因为利益需要多元化，无法做出妥协达成一致意见的情况时，可以由第三方权力机构在整体上做出一种价值判断，从而更加有效地推动重整程序的进程。这一方面不仅可以节约重整的各种成本，另一方面也可以在因某些主体的利益需求

　　① 参见 Kenneth Cork，Insolvency Law and Practice，Report of the Review Committee［R］.，London：HMSO，1990：60-61.
　　② P. 阿洪，O. 哈特，J. 穆尔. 论破产程序之改进［A］// 吴敬琏，周小川. 公司治理结构、债务重组和破产程序［C］.北京：中央编译出版社，1999：206.

而导致程序停滞时，能有一种强制手段来保护重整过程的整体利益，从而避免因个体利益而导致整体利益损失的情况。所以，在破产重整程序中，对破产重整计划的强制批准，有着其存在的经济利益基础。

最后，破产重整计划利益平衡等具体原则的要求，是重整计划强制批准在重整程序中存在的理论基础。前面的章节中已经论及，在保护社会整体利益的基本原则之下，破产重整计划制度需遵循利益平衡、私法自治下的公权力干预以及恢复债务人经营能力等三项具体原则。就利益平衡的要求而言，需要在破产重整计划中不能只是强调某一方面主体的利益需求，而是应该对于所有相关主体利益的一种综合衡量。当然在这种情况下，某些主体的利益或许无法实现最大化，这也会成为其反对破产重整计划的一个最主要动机。因此，为了实现破产重整程序的制度性目标，当某些强势的主体为了实现自身利益最大化而导致保护社会整体利益的目的无法实现时，法院作为司法权力机关，需要以一种独立的身份通过法律赋予的强制权力来推动破产重整计划的生效。同时，法院的强制介入也符合破产重整计划制度中私法自治下公权力干预的原则，这也是破产重整和和解的显著区别之一。

（三）我国上市公司破产重整计划强制批准应遵循的原则

对于破产重整计划强制批准的原则而言，有研究者指出美国立法及司法实践中在强行批准重整计划时要遵循最低限度接受原则，债权人最大利益原则，公平和公正原则和绝对优先原则（郑志斌和张婷，2007）。有学者认为我国2006年新《破产法》规定的法院强制批准重整计划的条件虽然明确具体，但不够灵活，从操作的灵活性方面考虑，可以把法院强行批准重整计划草案的条件概括为：至少有一个或几个权益受到影响的表决组已经接受了公司重整计划草案；符合债权人最大利益原则；符合公平对待原则；符合绝对优先原则（汪世虎，2007）。也有研究者指出法院在行使强制批准权时，应当遵循一定的约束条件，即符合多数人原则；多数人依据同意；债权人利益最大；不歧视；绝对优先（肖金泉和刘红林，2007）。

对于上述有关破产重整计划强制批准原则的论述，笔者认为：破产重整计划与破产清算中的财产分配方案有所不同，其不仅涉及债务的清偿，还包括了债务人的经营方案，债权的调整等方面。更重要的是，由于在破产重整程序中并没有对各个主体的利益需求做出优劣的排序，而在实践中不同的重整公司可能面临不同的经营或财务困境，因此虽然法律对破产重整计划的内容有一定的强制性规定，但由于重整企业实际情况的不同，会导致破产重整计划的多样性。因此，法院在为强制批准而审查破产重整计划时，所面临的问题也是具有多样性的。同时，与普通的公司破产重整相比，我国的上市公司破产重整由于特殊的历史发展背景，其对破产重整有着特殊的需求目的。且由于上市公司所具有的与非上市公司不同的特点，其破产重整计划也会有所不同。因此法院在强制批准上市公司破产重整计划时，需遵循的基本原则也应有其独特的内涵。

　　首先，法院强制批准上市公司破产重整计划应遵循最低限度接受原则。对于该原则有研究者指出，至少有一个或几个权益受到影响的表决组已经接受了重整计划草案，法院才能强制批准重整计划，否则就带有专制色彩，该原则也是一定程度上对债权人意思的尊重（郑志斌和张婷，2007）。从我国 2006 年新《破产法》规定来看，并没有明确体现出该项原则。虽然在破产重整程序的进程中，公权力的介入是其区别于破产和解的重要特征之一。但不可否认的是，在破产重整计划的制定和表决阶段，私权利主体自治的色彩还很浓厚。而对于破产重整，其涉及的各种利益从性质上看仍然以私权为主。对于我国的上市公司而言，虽然在其中有着政府等公权力机关的各种利益，但除去部分政治需求，这些利益落实到法律层面仍然多属于私法上的权益。因此，法院通过行使司法权强行介入到破产重整中去时，仍然需要在一定程度上受到私权利自治的制约。这样一方面可以避免法院滥用强制批准权，另一方面在有部分表决组已经通过破产重整计划的情况下，也可以有助于法院强制批准时的审查和价值判断。

　　笔者进一步认为，为了更好地实现利益平衡和保护社会整体利益，在法院强制批准破产重整计划时所遵循的最低限度接受原则，应该对在所有的表决组中已经表决通过的组数比例有一定要求。如在上市公司破产重整计划表决中，按照我国 2006 年新《破产法》规定一般可分为担保债权人组、普通债权人组（或小额债权人组）和出资人组。而由于我国对职工债权和税收债权的特殊保护，该两类债权一般是予以全额清偿，在实践中该两类债权人也不再参与重整计划的表决。为有效地保证利益主体的意思自治，可考虑规定法院行使强制批准权，需要过半数以上的表决组表决通过重整计划。这样一方面可以使在制定重整计划的过程中，制定人能和各方主体进行更有效的沟通谈判；另一方面也能减少法院行使强制批准权时的障碍，赋予利益主体更多的自我价值判断的权利。

　　其次，法院在强制批准上市公司破产重整计划时应遵循最低利益原则。有学者指出法院强行批准重整计划，应符合债权人最大利益原则，即该重整计划草案必须保证每一个反对这项计划的债权人在重整程序中至少可以获得其在清算程序中可获得的清偿（汪世虎，2007）。笔者认为，虽然债权人的利益保护在破产法的发展过程中都处于相当重要的地位，但在破产重整程序中，债权人并非唯一需要保护的利益主体。当然这并不意味着要损害债权人的利益来实现对整体利益的保护或达到利益平衡的局面，这里的最低价值原则实际上可以涵盖学者们所说的债权人最大利益原则。

这种最低利益原则体现在普通债权上，就是若法院强制批准破产重整计划时，得保证持异议者根据该计划所得之受偿不得少于在破产清算程序中的受偿。而对于担保债权而言，由于其享有别除权，在破产清算中，担保物的价值一般可以在较大程度上实现其债权价值，因此若法院要强制批准破产重整计划，需保证担保债权的受偿不低于其对应的特定担保物价值。对于这一点，我国2006年新《破产法》规定的是担保债权获得全额清偿，笔者认为以特定财产价值为底线更符合担保债权的法律性质。对于职工债权、税收债权等需要特殊保护的利益而言，最低利益原则应以保证全部清偿为底线，特别是破产重整计划草案在原本就对上述债权进行全额清偿的情况下，法院在审查进行强制批准时也不宜进行调整。此外在我国上市公司的破产重整中，因为存在"借壳"上市的情况，在重整计划中必然会涉及对原出资人权益的调整，这种调整除涉及原控股股东利益外，还可能涉及诸多的中小股东权益，此时的最低利益原则对于控股股东而言其实并无一个固定的标准。因为在制订破产重整计划时，一旦涉及股东权益的调整，肯定需要和控股股东进行协商，因此一般提交表决的计划草案，相关的内容是已经与控股股东达成一致意见的，这其中需要关注的是中小股东特别是证券投资者的最低利益保护问题。

最后，法院在强制批准上市公司破产重整计划时应遵循可行性原则。破产重整计划的可行性问题，是在破产重整计划制度中各个层面都有所涉及的。就破产重整计划制度的具体原则而言，恢复债务人经营能力原则其实就已经包含了可行性的要求。具体而言，破产重整计划的可行性包含两个层面，一是法律层面的可行性问题，这应该是法院可以进行重点审查的内容。对于上市公司破产重整计划而言，若有股权的变更，还可能涉及证券法与破产法的衔接问题。二是经营方面的可行性，这是破产重整程序恢复债务人经营能力的需要和体现，这方面的内容向来是法院审查的难点。在法院正常批准破产重整计划的情况下，也会涉及可行性问题，在破产重整计划已经通过各组的表决时，各个表决组的主体在行使表决权时从某种意义上已经根据自身的利益做出了可行性的判断，法院在正常批准时仅仅是对这种判断给予一种司法确认。但在强制批准时，由于对破产重整计划存在较多的异议者，该计划是否具有可行性对于法院的审查而言将会较正常批准情况下更为重要。法院作为司法机关，其并不具备相应的商业经营判断能力，此时需要中介专业机构的介入。而对于上市公司而言，由于涉及证券市场的监管问题，其破产重整计划的批准和执行，以及上市公司是否有重整的希望，都需要证监会等监管机构给出专业的意见，以作为法院审查并强制批准的依据之一。

（四）我国上市公司破产重整计划强制批准的具体法律问题分析

前文在论及上市公司破产重整计划的正常批准时，法院可能会遇到特殊的法律问题。应该说无论在正常批准程序下还是强制批准程序下，法院都可能面对着相似的法律问题，但在强制批准的情况下，由于存在异议主体，除去部分类似的问题外，还会面临新的法律问题。

首先，关于异议表决权主体的实体利益保护问题，这里的异议表决权主体不仅仅局限于债权人，也包括了其他表决组的相关异议者。与正常批准上市公司破产重整计划不同，在强制批准的情况下，某些表决组的异议者会占大多数。因此法院在行使强制批准权时，会涉及对异议者权益的保护问题，这可分为实体和程序两个方面。首先就实体权利方面的保护而言，对于表决权主体来说，其行使表决权实质上维护的是其在重整过程中的利益。当破产重整计划不符合其利益需求时，则会促使其在表决中做出反对的意思表示。因此法院在强制批准破产重整计划时，首先需要解决的就是如何确保异议者的利益。而根据最低利益原则，在强制批准过程中进行利益衡量和比较的参照标准是债务人进行破产清算时的受偿价值。但在未进行破产清算的情况下，如何确定价值的底线，这已经超出了法院专业能力范围。对于债务人进行破产清算时各利益主体按照法定的清偿顺序所能得到的清偿，需要专门的中介机构进行估算，其做出的预算报告应作为法院强制批准裁定的证据要求之一。

其次，对于相关利益主体的程序权利保护而言，主要应当考虑异议者对法院的强制批准行为是否应当有寻求救济的权利。就一般的诉讼原理来看，对于法院的裁定都应当赋予当事人上诉的救济途径，而在我国2006年新《破产法》中对此并没有明确规定。这里或许有对重整效率的考虑，但从异议表决权人的利益保护角度来看，应当赋予其上诉权。由于上市公司破产重整中可能涉及大量的证券投资者，其他类型的利益主体数量也较多，为了使得效率与利益保护相统一，可考虑对上诉权的行使进行一定的限制，比如债权的比例或股权的比例。当然这种限制不可过于苛刻，否则也不利于小额债权人或小股东利益的保护。

最后，关于强制批准的程序问题。按照我国 2006 年新《破产法》规定，法院行使强制批准权的前提是，表决组在第二次表决仍未通过重整计划时才能适用法院的强制批准。法院经审查认为重整计划符合法律规定的，应在收到申请之日起 30 日内裁定批准。除上述规定外，笔者认为，在 30 日的审查期限内，法院应给予一定范围的表决权人以程序性保障措施。有研究者指出，2000 年的破产与重整法草案第 106 条规定，人民法院依本法第 105 条第二款做出裁定前，应当开庭审理，听取管理人、监督人、当事人及有关部门和专家的意见。但这种程序保障要求在最终通过的新《破产法》中没有得到体现（李志强，2008）。由于在强制批准中存在相当数量的异议主体，且对于上市公司的破产重整而言，还有大量的通过证券市场投资而持有上市公司小额股份的股东，该类主体在计划的制订和表决阶段因缺乏有效的谈判能力，利益容易受到损害。因此，法院在强制批准上市公司破产重整计划时，有必要以召开听证会或开庭的形式，给以持异议的各方对计划中所涉及的利益问题以及对计划可行性的商业判断充分发表意见的机会。同时在法院审查强制批准期间，还应当有向证监会征求意见的程序性规定。因为对于上市公司的破产重整计划而言，可能会涉及股权转移，以及通过定向发行股票或债券等形式进行融资的可能，而这些都属于证监会的监管范围，法院需要在一定的协调机制下与证监会就上述措施的可行性进行沟通。

第二节　上市公司破产重整计划的执行

根据我国 2006 年新《破产法》规定，当上市公司的破产重整计划经过法院裁定批准后，对债务人和全体债权人均有约束力，按照一般的理解，这种约束力的体现是重整计划的强制执行力。有研究者指出重整计划一经法院认可，即具有法律效力，主要表现在三个方面，即拘束力、免责和执行力（李晓燕，1998）。破产重整计划的执行是对计划的具体实施，是重整程序的最终落脚点，也是能否达到重整目的的实践检验（李永军，1999）。对于上市公司破产重整而言，当破产重整计划经法院批准产生法律效力并进入到最后的计划执行环节时，由于其计划一般包括债务的减免和清偿，以及融资措施等方面内容，这会涉及上市公司控制权的变更、新证券或债券的发行、重大资产业务重组等问题。

一、执行的主体

重整计划的执行主体是执行环节中的关键问题，法律对该权力的配置不仅会影响到计划执行阶段的利益平衡，也会在一定程度上影响到执行的实际效果。而从主要相关国家和地区的立法规定来看，主要有以下几种模式：

首先，以美国为代表，其法律规定重整计划由债务人统一执行。根据美国联邦破产法中规定，除重整计划或法院批准的裁定另有规定，重整计划的批准使全部财团财产授予债务人。① 相类似地，我国 2006 年新《破产法》也规定，重整计划由债务人负责执行，法院裁定批准重整计划后，已经接管财产和营业事务的管理人应当向债务人移交财产和营业事务。由于按照我国的法律规定，重整计划由债务人或者是管理人制定，而在此期间，债务人的财产或者经营有可能由管理人负责。但无论是哪种情况，一旦进入到重整计划的执行阶段，均由债务人负责执行。

其次，以日本立法为代表，由财产管理人负责破产重整计划的执行，但在某些情况下也可由公司董事负责执行。根据日本公司更生法的相关规定，已经做出批准更生计划的决定时，财产管理人必须迅速地执行计划，而公司的事业经营和财产管理以及处分的权利已经赋予董事时，财产管理人对董事的执行进行监督。

最后，以我国台湾地区立法为代表，规定重整计划由重整人执行。根据台湾地区公司法规定，重整计划经关系人会议表决者，重整人应申请法院裁定认可后执行，并报主管机关备案。而对于重整人的选任，是由法院就债权人、股东、董事、目的事业中央主管机关或证券管理机关推荐之专家中选派。因此，重整计划的执行者实际上有可能由股东或董事来担任。

除此之外，法国司法重整与司法清算法中规定，在法院任命重整人的情况下，计划执行人为重整人（管理人），在未任命的情况下，由债务人在执行监督人的帮助下执行计划。② 对此有学者指出，负责计划执行并对执行问题有决定权的是执行监督人，而计划指定的执行人实际上是正在执行中承担一定义务的人，他们没有执行事务决定权（王卫国，1996）。

从上述主要国家和地区的立法来看，虽然重整计划执行主体的模式有所不同，但基本上还是局限于债务人和管理人（重整人）之间。究其原因，该两者

---

① See U. S. C（2000 Edition），Title 11，Section1141（b）.

② 郑志斌，张婷. 困境公司如何重整 [M]. 北京：人民法院出版社，2007：380.

通常也是破产重整计划的制定主体，其在制定计划的过程中对债务人的资产状况及经营状况有着较为全面的了解。更为重要的是在制定破产重整计划的过程中，制定人一般与各方利益主体都有较为深入的沟通或谈判，这也会为其后的计划执行带来便利。笔者认为，法律对重整计划执行人的规定，实际上是对最终实现破产重整目的的一次控制权的分配。和破产重整计划的制定权一样，重整计划的执行权分配对于执行期间的利益平衡和博弈起到至关重要的作用。

上述国家和地区的立法中，无论是债务人为主的模式还是管理人（重整人）为主的模式，其背后所体现的是不同经营控制权倾向，即所谓的占有中的债务人模式与管理人模式。美国是典型的占有中的债务人模式，债务人在整个破产重整中发挥着重要作用，法律也赋予其大量的权利。这种模式下由于债务人占据控制地位，在与其他利益主体的博弈中具有较强的谈判能力。因此美国的破产重整中很少有企业的整体出售，而多是对债务人公司的所有权结构进行改变。[①] 而管理人模式在各国和地区也得到了广泛的运用，许多国家和地区往往采取两种模式的混合，就算在美国也并未完全否认管理人接管的可能，其成为占有中的债务人的一项重要补充。比较两种模式，笔者认为，由于破产重整计划的执行涉及大量的商业经营活动，由债务人负责执行不仅可以有效利用其经营管理的经验，而且会在一定程度上减少信息不对称的成本，提高计划执行的效率。但该种模式的缺陷在于，当仍然由债务人来负责计划的执行时，有可能会影响到其他利益主体关于恢复公司经营能力的信心，并在执行过程中容易产生道德风险。对于管理人模式而言，一方面作为独立的第三方，在执行过程中可以更好地保护各方主体的利益，其产生的道德风险可能性较小；另一方面对于上市公司的破产重整计划而言，其在执行过程中可能会涉及专业渠道的融资等商业经营方面的问题，而对于管理人（重整人）而言，其虽然拥有法律、会计等专业知识，但与债务人相比不一定具备商业经营管理方面的知识和能力，这有可能会影响到破产重整计划执行的效率，甚至降低破产重整的成功率。因此，结合上述因素，在我国 2006 年新《破产法》已经明确将计划的执行赋予债务人的情况下，在发挥债务人执行的优势的同时，应加强对执行过程的监督和救济，从而弥补债务人执行破产重整计划可能产生的问题。而根据我国 2006 年新《破产法》的规定，当法院审查裁定批准破产重整计划时，要终止重整程序，并予以公告。从法律规定看，当破产重整计划经法院批准生效后，

---

① See The American Law Institute, Transnational Insolvency Project-International Statement of United States Bankruptcy Law［M］.Executive Office, American Law Institute, 1996：57-58.

重整程序即告终止，此后的执行阶段实际上不再属于司法程序。那么在终止破产重整程序后，如何在执行过程中进行监督，以及对相关利益主体进行救济，是影响重整成功、达到恢复债务人经营能力的重要环节。

二、执行过程中的监督

按照我国 2006 年新《破产法》的规定，重整计划执行的监督由管理人负责，债务人应当向管理人报告重整计划执行情况和债务人财务状况。而就不同国家对重整计划采取的监督模式而言，监督的主体有以下几类：由法院兼任监督机构；由债权人委员会或关系人会议任监督机构；设立独立的重整监督机构，专司重整监督之责。其中日本和美国分别为前两种方式的代表，法国、德国等则主要采取第三种方式（肖金泉和刘红林，2007）。

就由法院兼任重整监督机构的模式而言，笔者认为法院作为专门的司法机关，拥有着国家强制力作为后盾，监督的力度会远远大于其他主体。其他主体的监督虽然通过一定的程序，经过法院也能获得一定的强制力，但法院直接行使监督权更具有程序简化、效力直接的优势。但法院作为司法机构，其并不具备破产重整计划执行所需要的商业方面的专业知识以及经营管理企业的经验，且在监督过程中，由于法院并未直接介入破产重整计划的制定过程，可能存在信息获取的不对称，反而会增加监督的成本。对于债权人委员会或关系人会议监督的方式而言，除了仍然可能缺乏的专业知识和经验外，由于两者系群体性组织，在实际监督过程中容易出现搭便车的行为，缺乏有力的实际监督执行者。因此无论是从知识经验结构的角度，还是从监督的力度考虑，设立专门的重整监督机构是较为可行的方式。

按照我国 2006 年新《破产法》的规定，管理人作为我国破产重整计划执行的专门，负责对计划执行的监督。虽然也有要求债务人应当向管理人报告重整计划执行情况和债务人财务状况，但却缺乏对监督人具体职责的规定。尽管对于破产重整计划而言，由于债务人的不同，其所涉及的重整措施也会有所区别，不同的重整计划之间存在着较大的差异，但出于监督权利有效行使的考虑，法律仍应当对监督人的主要职责以及行使监督权的程序做出具体规定。对此有研究者指出，监督人监督重整计划阶段的职责，主要包括：对执行人执行重整计划的情况以及企业的债务人状况行使监督权，有权要求执行人报告重整计划的执行情况和债务人财务状况；发现执行人有违法或不当情形时，应及时加以纠正；认为需要延长重整计划执行的监督期限，可申请法院裁定予以延长；监督期满，应当向法院提交监督报告（郑志斌和张婷，2007）。

对此，笔者认为虽然破产重整计划具有较明显的"个性"，执行不同的计划监督人可能面对的具体监督问题会有所不同，但关于监督人的职责，法律应当从以下几个大的方面进行规制：

首先，监督破产重整计划中相关债务清偿、减免，以及资产注入等主要重整措施，是监督人的重要监督职责之一。由于破产重整企业所面临的问题不同，其采取的重整措施可能会有所区别，但无论是何种方式，其必然会在破产重整计划中具体体现。而一旦经法院审查批准后，破产重整计划中的相关措施就产生了强制执行力。在计划的执行过程中，执行人必须严格按照计划的规定执行，不得擅自改变相关内容，因此监督人的首要职责就是监督执行人是否严格地执行破产重整计划所规定的措施。若执行人有擅自变动计划内容的举动，监督人应及时加以纠正，或按照法律规定寻求救济。对于上市公司破产重整计划的执行而言，因为可能存在第三方"借壳"上市，除传统重整措施的债务清偿等措施外，监督人在监督过程中还应关注第三方是否按照破产重整计划规定，如期向上市公司注入资金或优质资产。此外，对于上市公司可能涉及的股权交易等特殊措施，也是监督人应当关注的重点。

其次，在破产重整计划执行的过程中，债务人的财务状况及经营能力恢复状况，也是监督人需要重点关注的方面。就破产重整计划的内容而言，无论是债务的清偿还是资产的重整抑或股权结构的调整，其所涉及的一切措施都应当是指向一个共同的目标，即使债务人最终摆脱财务困境，重新恢复正常经营能力。因此，在破产重整计划的执行中，监督人不能仅仅是关注计划中具体措施的执行情况，也应当关注措施执行后给债务人所带来的实际效果，从而及时发现计划执行中的问题。对于监督的方式，可通过要求执行人定期提供债务人的财务报表及相关经营合同等方式。对于债务人的经营能力恢复情况，也应当成为监督人向法院提供的监督报告必备内容之一。对于上市公司破产重整计划的执行而言，当存在第三方注资的情况时，因控股股东的变化，上市公司的经营方向或管理模式也会在这一过程中产生较大的变化。这种甚至涉及公司主营方向的变化，对公司经营能力的恢复会产生较大影响，在监督上市公司破产重整计划的执行时，应予以特别注意。

最后，关于监督人行使职权的程序问题。从我国2006年新《破产法》的规定来看，虽然赋予了管理人监督重整计划执行的权利，但对如何行使权利，以及监督人的监督行为如何发生强制力却没有涉及。笔者认为，任何监督机制想要达到实质上的效果，都需要法律通过一定程序赋予其监督行为以强制力。

关于监督人行使职权的程序问题，至少应该从两方面进行法律规制。第一个方面是监督人发现执行人未按照破产重整计划规定执行相关重整措施，或者执行人有违法等不当行为情况时，应赋予监督人向执行人发出整改通知的权利。若执行人不予整改，监督人应有启动法院强制执行的权利。第二个方面，当监督人发现破产重整计划的执行无法达到恢复债务人经营能力，甚至导致债务人财务或经营状况进一步恶化时，其应当有权提请法院审查裁定终止计划的执行。

三、执行过程中的救济

对于前文所涉及的破产重整计划执行中的监督问题，其着眼点在于专门的监督人。但无论从理论还是实践来看，重整计划监督人也可能无法尽职地履行其监督职责。破产重整计划的执行过程中，会涉及诸多权利主体的利益，而无论是执行人还是监督人都有可能在计划执行的过程中损害到某些主体的合法权益。从"每个人是自己利益的最好保护者"的角度出发，应当在破产重整计划执行的过程中，建立起一套全面的救济制度。对于涉及大量利益主体的上市公司而言，其破产重整计划执行中的救济则会显得更为重要。对此，笔者认为可以从以下几个方面进行思考：

首先，在破产重整计划执行中，相关主体利益因不当行为而受到损害时，应当有权向法院寻求救济。这里的不当行为一方面指执行人未按照破产重整计划内容执行，另一方面也指执行人或监督人的违法行为或者不尽职行为。由于破产重整计划涉及的内容繁杂，在执行过程中执行人需按照计划的规定，为重整债务人经营能力采取多方措施。而经过法院批准后的破产重整计划具有强制力，执行人需严格按照计划内容执行，不能根据自身的判断或喜好而随意作为。同时在执行或监督过程中，执行人和监督人应当尽职履行自己的职责，对因为其失职或过失造成的损失，应当承担赔偿责任。当执行人出现上述情况而损害相关重整利益主体的合法权益时，受到利益侵害的主体可以向监督人申请启动救济程序，由监督人向执行人发出纠正的要求，或由监督人向法院提起诉讼。当监督人不履行上述职责，或相关主体权益受损情况紧急时，其也可直接向法院寻求救济。法律赋予破产重整计划中利益相关者的上述权利，除在计划执行过程中可以有效地保护各主体的合法权益外，在一定程度上对执行人和监督人也能形成一种有效的监督。建立起这种救济机制，对于上市公司破产重整计划的执行而言显得更为重要。因为在上市公司破产重整计划的执行中，涉及大量的不同利益层次的主体，如因融资需要进行股权调整时，既会影响到大股东的权益，也会对中小股东特别是数量众多的证券投资者利益产生影响。这种利益博弈力量的悬殊对比，不仅会影响到计划制定和表决阶段的利益平衡，也会在执行阶段致使某些利益主体的合法权益成为被侵害的对象。因此赋予利益主体寻求救济的途径和权利，对于破产重整计划合法有效地执行有着积极影响。

其次，在破产重整计划的执行中，当情势的变更致使计划的执行无法达到恢复债务人经营能力的目的时，相关利益主体有向法院申请变更破产重整计划或终止计划执行的权利。由于债务人经营能力的恢复不仅包含着债务清偿和融资行为，其整个过程更是一种商业经营行为，这也就意味着风险的不可控性。任何执行人都无法保证在计划的执行期间，债务人企业以及市场不会发生影响重整目的的变化。而破产重整计划的执行是实现重整程序目标的最终途径，其执行过程中的各种措施是为恢复债务人经营能力所服务的。因此当有证据证明原破产重整计划的执行已经无法实现重整的目的时，无论是监督人还是利益关系人，都应当有权向法院提出修改破产重整计划或终止计划执行的申请。我国2006年新《破产法》中也规定，债务人不能执行或不执行重整计划的，人民法院经管理人或者利害关系人请求，应当裁定终止重整计划的执行，并宣告债务人破产。这里所规定的仅仅是前文所述情况的一部分，即债务人不能执行或不执行破产重整计划，这应当属于计划执行者所导致的问题。而在实践中，由于经营和市场风险的不确定性，在执行人能够执行破产重整计划的情况下，也存在无法恢复债务人经营能力的可能。在这种情况，若仍然坚持执行原有计划，则会造成更大的成本支出和损失。因此需要赋予监督人和利益相关者在此种情况下，请求修改破产重整计划甚至终止执行的救济途径。

最后，关于破产重整计划在执行过程中的修改。前文所提及的请求法院终止计划执行，应当是一种极端情况。当遇到不可预料的风险和情势变化时，出于挽回损失的角度考虑，利益主体更多会倾向于寻求修改破产重整计划的可能。因此在执行中，赋予监督人和相关利益主体启动破产重整计划修改程序的权利，是相关主体维护自身合法权益的一个有效救济途径。对于破产重整计划执行中的修改，我国2006年新《破产法》并未涉及。就国外相关立法而言，一般破产重整计划的变更程序与通过破产重整计划时的程序基本一致。根据日本公司更生法规定，在做出更生计划的决定之后，因不得已的事由需要改变更生计划的，限于在更生程序前，法院可依据财产管理人、公司、已申报的更生债权人、更生担保权人或股东的申请，变更计划。而已提出被认为对更生债权人、更生担保人或股东有不利影响的计划变更申请时，准用关于提出更生计划草案的规定。但对于未受影响的主体，则无须参加该程序。我国台湾地区公司法也有类似规定，即在法院认可或经法院变更修正后认可之重整计划，因情势变迁或有正当理由致不能或无须执行，而尚有重整之可能或必须要时，法院因重整监督人、重整人或关系人之申请，以裁定关系人会议重新审查，其审查及可决程序，应与原来之重整计划相同，仍应申请法院裁决认可。而对于美国而言，其要求对执行中的破产重整计划进行修改，需是该重整计划尚未获得实质程度的执行。但该规定尚有很大争议，因为在缺少具体标准的情况下，难以判断一项计划是否已经获得实质性执行（潘琪，1999）。

借鉴上述立法模式，笔者认为我国破产法可以考虑在原生效破产重整计划的执行已经无法达到恢复债务人正常经营的情况下，赋予监督人及计划的利益相关者向法院提起修改破产重整计划申请的权利。法院受理后，经审查确有证据证实按照原计划执行已经不能实现重整的目的，应当裁定准许修改计划相关内容。而破产重整计划此时的修改，出于对效率及成本的因素考虑，可仍然由原计划制定者来负责。而修订后破产重整计划的表决应当遵循同样的表决程序，只是利益不受计划变更的主体不再参与表决。当修改生效后，新的破产重整计划重新执行，而执行的期间自然是重新起算。

本章小结

上市公司破产重整计划的批准和执行，是实现破产重整程序目的的重要环节。经过法院批准的破产重整计划具备了法律上的强制执行力，而这种执行力又能保证计划的全面执行。上市公司破产重整计划的执行过程，其实质就是破产重整程序恢复债务人经营能力目的的实现。上市公司破产重整中的各种利益平衡，以及在这一过程中政府行为的政策目标和导向，都需要通过破产重整计划的执行来成为现实。由于上市公司破产重整的系统性，不仅涉及比一般公司更多的利益主体，其重整的方式也更加专业和复杂。因此对于上市公司破产重整计划的审查批准而言，无论是正常批准还是强制批准，都会面临大量的实体性和程序性问题。但我国2006年新《破产法》对此规定却过于原则，这致使法院在司法践中特别是强制批准破产重整计划的司法实践中，面临着极大的法律适用困惑，而对于破产重整计划执行所涉及的各方面问题，我国2006年新

《破产法》规定得更为简略。这种概要式的立法，无法适应破产重整计划执行中的复杂局面。特别是对于上市公司破产重整计划执行而言，其中的融资措施或股权变动等，不仅涉及大量法律问题，在执行过程中的复杂性也会给监督带来困难。因此，随着我国上市公司破产重整实践的进一步开展，我国的相关立法迫切地需要对上述问题做出回应，并应及时弥补立法上的不足。

结　语　对完善我国上市公司破产重整计划立法的思考及建议

随着我国 2006 年新《破产法》的颁布与生效，我国的破产法律体系得到很大程度的完善。有学者指出此次立法在六个方面实现了突破和创新，如设定了独立的破产清算、破产重整和破产和解程序等（范健和王建文，2009）。其中，对于破产重整程序而言，在国外部分国家已有较为丰富的司法实践经验，但对于我国而言还是一项典型的新制度。在破产重整程序在我国的破产法律体系中出现以前，对于困境企业的拯救一般都采取资产重组或债务和解等方式。若立足于纯粹的司法程序，在 2006 年新《破产法》颁布以前，仅有 1986 年《企业破产法（试行）》中的和解与整顿程序有所涉及。但对于该程序，有学者评价其是将传统的和解程序与我国特有的行政整顿程序混为一体，是一种混合程序（王卫国，1999）。

从实践来看，由于陷入经营和财务困境的企业，其相关的利益冲突往往已经达到一种不可调和的程度，所以单纯地靠相关利益主体进行协商解决，而没有一个配套的设计精密的司法程序，在实践中很难成功拯救困境企业。因此在我国 2006 年破产法中，破产重整程序作为一项全新的制度被引入。虽然破产重整程序的创设在我国的破产立法中是一项突破，但由于我国缺乏相对应的破产重整实践经验，在立法时很难一次就将所有的实践问题在法律条文中予以体现。应该说 2006 年新《破产法》解决了破产重整程序在我国破产法律体系中的"存在"问题，而随着实践的进一步展开，各类问题会逐渐显现出来。而"刚刚发布的规范，其内容'或多或少'的确定性，在自兹开始的适用中，它慢慢会被具体化"。[①] 因此，随着实践的深入，我国破产重整的相关立法必然需要做进一步完善。

---

① ［德］卡尔·拉伦茨.法学方法论［M］.陈爱娥译.北京：五南图书，2003：93.

一、完善现有立法所需注意的问题

作为破产重整程序核心环节的破产重整计划，在实践过程中所出现的问题很大程度上均集中在此。由于我国特殊的社会经济背景，上市公司对破产重整程序有着特殊的制度性需求，在实践中大量的困境上市公司选择了适用破产重整程序。而上市公司本身的特殊性，其破产重整中出现的问题又与普通非上市公司有着诸多的不同。因此，有学者指出 2006 年新《破产法》只规定企业一般的重整措施，难以根据上市公司的特点做出细化的规定。虽然针对目前上市公司破产重整中出现的问题，早些年即有最高人民法院已经开始着手制定上市公司破产重整司法解释的消息，但目前对于上市公司的破产重整事宜仍无专门的司法解释，多以会议纪要等形式提出相关工作要求。

毫无疑问，随着上市公司破产重整实践的进一步深入，现有的 2006 年新《破产法》中相关破产重整的立法及会议纪要等已经不足以解决实践中出现的各类问题。而由于我国上市公司破产重整的特殊性，有必要针对上市公司制定专门的细化性规定。同时作为一项系统的综合性工作，上市公司破产重整中的任何一个环节都可能遇到一些特殊性很强的问题。但不可否认的是，破产重整程序实际上是围绕着破产重整计划在开展，因此上市公司破产重整计划从制定到最后的执行过程中所产生的各类问题，应当是我们细化上市公司破产重整相关立法的重点关注对象。

结合前文五个章节中对上市公司破产重整计划不同角度的探讨，笔者认为，在思考相关立法完善或司法解释的制定时，需要针对我国的特殊社会经济背景以及上市公司破产重整实践的具体特性，在一定思路或理念的指导下对具体条文进行思考。具体而言，有以下几方面的思路：

首先，需要明确破产重整程序所应承担的社会经济任务。由于我国社会经济的特殊性，以及现阶段其他相关立法的不足，导致了不仅是破产重整程序乃至是整个破产法律制度都担负着太多破产之外的经济、法律职能，甚至一定程度上的政治职能。就传统的破产重整程序而言，其目的在于恢复债务人的经营能力，从而保护社会整体利益。对于上市公司破产重整中存在的"借壳"上市现象，从某种意义上看也能在一定程度上拯救债务人的主体资格。但不论是传统的恢复债务人经营能力，还是第三方"借壳"上市，都应当基于最基本的经济价值判断。当某些上市公司已经不再具有"拯救"的经济价值时，从资源优化配置的角度考虑，最好的选择应当是其退市甚至破产清算。但由于我国相关立法或社会保障措施的不足，上市公司除了扮演经济主体的角色外，还在一定程度上担负着某些社会政治职能。如其一旦被破产清算，大量的失业人员以及可能引发的地区稳定问题，使得"上市公司不能破产"在我国现阶段成为了一个不应当是规律的规律。在这种背景下，不能排除不再具有重整价值的上市公司，在多方因素的推动下进行重整的可能。因此，要构建起完善而又运作正常的上市公司破产重整计划体系，在改进破产立法的同时，还需要对其他领域的法律进行完善（如社会保障领域），从而真正剥离上市公司不必要的社会政治负担。

其次，需要进一步地规范上市公司破产重整计划各个环节中所涉及的相关政府行为。在我国上市公司的破产重整中，政府各种形式的介入行为是一大特点，政府的干预行为在很大程度上导致了我国上市公司破产重整的高成功率。从实践的观察来看，政府行为贯穿上市公司破产重整计划制定到执行的始终。虽然政府行为在一定程度上对上市公司破产重整有着积极影响，但由于其行为的非规范性以及公权力天然的扩张性，如果不对政府行为作出规制，在实际的运行中极有可能超越法律的范畴并侵害到相关主体的合法权益。同时更为重要的是，在政府行为的影响下，某些本来不具有重整价值的上市公司可能会完成破产重整。这不仅不符合破产重整程序的立法价值，也会造成经济资源的浪费，最终给相关利益主体造成更大的损失。因此，针对上市公司破产重整各个环节中的政府行为，除合理的政策导向以及目标的要求外，有必要在法律的层面对某些可能侵害相关主体合法权益的行为作出强制性的规定。

最后，需要统一相关法律间的衔接，消除不同部门法之间的矛盾与冲突。上市公司的破产重整是一个涉及多方面的系统工作，从其破产重整计划的制定到执行，可能涉及多类主体的利益，以及涉及多个部门的职能。而从涉及的法律而言，上市公司的破产重整可能包括了公司法、破产法以及证券法的相关内容。特别是在上市公司的破产重整计划中，相关融资的内容或其中的股权调整，肯定会涉及证券法律及相关监管行政法规。而破产重整对于我国而言是新引入的制度，目前仅仅破产法有所规范。在上市公司破产重整目前的实践中，其重整计划的相关内容，以及在该过程中的信息披露或融资手段等问题，都缺乏其他法律或法规的衔接。这一方面不仅会造成上市公司破产重整实践中法律适用上的困惑，也在一定程度上增加了重整的成本和风险。因此，当我们考虑如何完善上市公司破产重整计划的相关法律规范时，不能仅仅是着眼于破产法，某些条款的完善和增补可能会同时涉及其他部门法律规范。

综合上述三个方面，正如同上市公司破产重整实践的复杂性和系统性一样，其所对应的立法体系也是系统而又立体的。因此，在思考如何完善相关立法时，不应当仅仅局限于破产法内部。一个专门的上市公司破产重整司法解释，如果需要在实践中发挥预期的作用，解决目前在实践中已经出现的问题，也需要其他法律和法规的衔接和配套。

二、对具体条款的思考与分析

在实践中，根据破产法所规定的程序环节，上市公司破产重整计划可分为制定、表决、批准以及执行四个阶段。除涉及破产法外，上述每个阶段涉及的其他部门法律也可能有所不同。在全书分析的基础上，结合破产重整计划的四个阶段，笔者认为，对上市公司破产重整计划相关具体法律规范的完善可从以下几个环节进行思考：

（一）上市公司破产重整计划制定阶段相关立法完善建议

就上市公司破产重整计划的制定而言，该环节是破产重整计划的启动阶段，更是各方利益主体集中表达自己具体诉求的主要环节。制定破产重整计划的过程，是各方主体谈判和利益博弈的主要途径。因此为有效保护相关利益主体的合法诉求，相关法律首先就需要为不同的利益主体提供一个公平表达自己利益需求的空间，这也应当是考虑如何完善上市公司破产重整计划制定阶段法律规范所应遵循的一个理念。

我国 2006 年新《破产法》中，将重整计划的制定职责赋予了债权人和管理人。就实践中来看，这两类主体具有一定的专业知识和实践经验，对债务人的情况较为了解，在一般情况下可以胜任制定重整计划的职责。除上述两类主体外，我国现有法律并未赋予其他利益主体直接参与到计划制定中的权利，这样一方面会造成其他利益主体在计划制定过程中无法有效地表达自身的利益诉求，另一方面也会使上市公司破产重整计划的制定缺乏有效的竞争机制。

因此，综合上述理由，应当赋予债务人和管理人以外的利益相关主体（债权人或股东）在一定条件下制定破产重整计划的权利，即以债务人或管理人制定为原则，以债权人和股东制定为例外。现行 2006 年新《破产法》要求债务人或管理人应当自人民法院裁定债务人重整之日起 6 个月内，同时向人民法院和债权人会议提交计划草案，在特殊情况下法院可以裁定延期 3 个月。结合前述完善破产重整计划制定主体的思路，具体的条文表述可做如下修改考虑：

"债务人或管理人应当自人民法院裁定债务人重整之日起 6 个月内，同时向人民法院和债权人会议提交计划草案。债务人或管理人未能按期提出重整计划草案的，法院应当裁定延期 3 个月。延期期间，债权人委员会及单独或联合持有债务人 10% 股权的股东均有权提出重整计划草案，并交各表决组表决。"

不可否认，这种模式可能会在一定程度上使破产重整程序复杂化，影响程序的效率，但由于可以使得破产重整计划制定存在一定的竞争，对债务人或管理人的制定工作产生一定的激励作用。同时，允许达到一定持股比例的股东单独或联合提出破产重整计划草案，在上市公司中存在大量中小股东的情况下，对其利益的保护也有着积极意义。

（二）上市公司破产重整计划表决阶段相关立法完善建议

在上市公司破产重整计划的表决程序中，最核心的部分在于对表决权人的分组。就我国 2006 年新《破产法》而言，其立法模式倾向于法定型分组。结合上市公司破产重整计划表决的实践，对破产法中相关条文的完善，可以考虑以下几个方面：

首先，对于表决的分组而言，根据现行破产法规定，重整计划草案涉及出资人权益调整事项的，应当设出资人组，对该事项进行表决。就上市公司的破产重整而言，由于可能涉及第三方"借壳"上市，在其破产重整计划中会涉及股东权益的调整。因此在上市公司破产重整计划的表决中，一般都会存在设立出资人组的问题。同时考虑到上市公司股权结构的复杂性，建议将上市公司出资人的具体分组作进一步细化规定，并赋予法院根据实际情况调整出资人组的权力。相关条文修改可考虑为：

"上市公司破产重整计划草案中涉及出资人权益调整事项的，应当设出资人组，对该事项进行表决。法院可根据上市公司实际股权结构，在出资人组中设立小股东组对重整计划草案进行表决。"

其次，对于出资人组的表决通过标准问题。我国 2006 年新《破产法》中虽然规定可以设置出资人组，但却没有明确给出该组的表决通过标准。在各类债权人组，现行新《破产法》采用的人数和债权额的双重标准。由于我国上市公司中股权分布对比悬殊，为保护中小股东利益，避免大股东在表决中滥用股权上的优势，建议明确规定在出资人组中采用与债权人组类似的双重标准。相关条文修改可考虑为：

"出席会议的同一表决组的股东过半数同意重整计划草案，并且其所代表的股权占该组股权总额的三分之二以上的，即为该组通过重整计划草案。"

最后，在上市公司破产重整计划表决方式上，由于上市公司存在大量通过证券投资而持有公司股票的投资者。这类主体从法律性质上是公司的股东，不仅数量众多，地域分布也较广。因此作为出资人组的成员，当其按照传统的方式行使表决权时，可能会遇到现实上的障碍，并且可能增加表决组会议组织的成本。因此，在存在小股东组时，需要考虑通过网上投票等方式来替代传统的会议表决方式。而这相关立法的修改完善不仅涉及破产法相关规定，还需要证券监管部门及相关的交易所针对上市公司破产重整计划表决的网上投票，对已经颁布实行的上市公司股东大会网络投票工作指引和对应的实施细则做出相应的增补和修改。上市公司破产重整相关司法解释则可考虑做如下规定：

"在出资人组中设立小股东组对重整计划草案进行表决时，人民法院可根据实际情况，采取网上投票方式进行表决。具体操作方式参照证券监管部门相关规定进行。"

（三）上市公司破产重整计划批准阶段相关立法的建议

法院对破产重整计划的批准，在实践中面临着较多问题。对于上市公司的破产重整计划而言，由于涉及较多的利益主体和更专业的法律、财务问题，法院在审查时如何判断符合批准的条件，更是一个在实践中棘手而又迫切的问题。结合我国现行新《破产法》，在此环节对立法的完善，可以从以下几个方面进行思考：

首先，无论是法院正常批准还是强制批准上市公司破产重整计划，都涉及对计划可行性的判断。在上市公司的破产重整计划中，除涉及专业的法律问题外，还涉及相关的财务、融资以及经营方面的判断。同时，由于法院审查批准后，破产重整计划将具有法律上的强制执行力，因此法院的批准环节，是破产重整中各利益主体在计划发生强制力前最后一个直接表达诉求的环节。所以为保证法院审查判断的准确性，以及更好地保障相关利益主体的合法权益，应当在立法中对法院审查批准时的征求意见程序以及听证会程序作出规定。相关立法可考虑为："人民法院在审查批准上市公司破产重整计划时，应当咨询证券监管部门，以及询问利害关系人。人民法院在裁定批准上市公司破产重整计划前，可以召开听证会，听取各利害关系人意见"。

对于上述完善后的建议，应当同时适用于法院正常批准和强制批准破产重整计划。而对于法院强制批准破产重整计划，则应当持更严格的标准，要求法院必须召开听证会。

其次，与上一个环节相对应的，如果在咨询相关证券监管部门，以及听取利害关系人意见的过程中，涉及重大的意见或异议时，法院应当及时做出反应。对于可能存在影响到破产重整计划执行，以及可能会严重损害利益主体合法权益的问题时，法院应当要求计划制定者对破产重整计划进行修改。修改后的计划按照原计划表决程序经各表决组重新表决后，再提交法院审查。相关立法的完善可考虑为：

"证券监管部门或利害关系人对上市公司破产重整计划提出异议的，经人民法院审查后，可以要求破产重整计划草案制定人对相关内容进行修改。修改后的破产重整计划经重新表决后，可再次提交法院审查批准，利益不受计划变更影响的主体不再参与表决。"

再次，关于法院启动强制审查批准破产重整计划的条件，对破产重整计划是否需要经部分表决组通过的问题，我国 2006 年新《破产法》并没有明确规定。这意味着，即使全部表决组都没有通过破产重整计划，法院仍然可能启动对计划的强制批准程序，这在实践中可能会为法院滥用强制批准权留下空间。而对于上市公司的破产重整计划表决而言，由于涉及的利益主体众多，表决组也可能多于一般的非上市公司（如小额债权人组，出资人组以及小股东组等）。若无任何一个表决组通过，则说明该破产重整计划未能得到绝大多数利益主体的支持，此时法院不应当支持一个不符合绝大多数主体利益诉求的计划草案。因此，应当考虑在立法中要求进入强制批准程序的最低表决通过要求，建议可在立法完善时考虑增加一条法院强制批准的条件：

"人民法院强制批准重整计划时，必须至少有一个利益受到该重整计划影响的表决组，已经表决通过该重整计划。"

最后，对于法院审查批准时的异议者权益保护问题。法院正常审查破产重整计划时，各表决组已经正常表决通过，涉及的异议者可能范围较小。而对于法院强制审批的情况下，则可能涉及大量的异议者。无论异议者的多少，从破产重整程序保护社会整体利益的立法价值出发，法律应当赋予异议者针对法院裁定的救济手段。但由于上市公司破产重整计划中涉及的各种类型的利益主体众多，因此出于对破产重整效率的考虑，也有必要对救济手段的行使做一定程度的限制，以达到效率与公平的统一。相对应地，法院审查破产重整计划后，可能认为不符合破产法规定而做出不予批准的裁定。虽然就目前的实践来看，尚未有一起上市公司的破产重整计划被法院裁决不予批准，但仍然有必要考虑到相关利益主体的救济途径的构建。对此在完善相关立法时，可考虑为：

"在法院公布裁定之日起 10 日内，单独或联合持有所在表决组债权份额或股权份额 10% 的各表决组成员，可以向做出裁定的人民法院或直接向上一级人民法院提起上诉。"

除上述四个方面的修改完善外，在目前的司法实践中，法院对批准上市公司破产重整计划时应当如何把握和判断其中的问题，尚有不明确之处。特别是面对强制批准的审查时，问题可能更为突出。对此，笔者认为，由于在破产重整过程中，不同的上市公司面临的困境会有所不同，对应的破产重整计划内容可能也有较大差别，所以要求法律作出一种固定的判断标准，是不符合现实需要的。同时，由于上市破产重整计划并非一份典型的法院判决，其涉及的问题除法律上的合法性外，还包括了大量的财务、证券融资以及商业经营等问题，因此法院在审查上市公司破产重整计划时，应当充分发挥证券监管部门等专业机构的专业知识能力，将超过法律判断的部分，以听证会或调取专业证据等形式来辅助其审查工作的开展。

（四）上市公司破产重整计划执行阶段相关立法完善建议

在上市公司破产重整计划的执行阶段，由于我国 2006 年新《破产法》将执行计划的权利赋予了债务人（上市公司），在实践中对计划执行的监督就显得尤为重要。同时，上市公司的破产重整计划往往涉及到股权的变更和重大资产的置换。因此虽然经法院批准后，该计划就应当具有强制执行力，但在实践中由于证券监管部门对上市公司的行政管理监督关系，上述计划措施能否实现还有赖于相关监管部门是否批准。所以对于上市公司破产重整计划的执行而言，其立法的完善应当着重考虑以下几个方面：

首先，关于破产重整计划执行中的监督问题。我国 2006 年新《破产法》目前对于执行的监督规定过于简单，仅仅规定由管理人监督重整计划的执行，以及在监督期内，债务人应当向管理人报告重整计划执行情况和债务人财务状况。虽然对于不同的上市公司，其破产重整计划执行的内容也会有所不同，但仍应当在相应的司法解释中对监督人的权责做出一定程度的细化规定。综合前面章节的相关论述，笔者认为，对于我国上市公司破产重整计划执行的监督，有关管理人的职责在实体性方面可规定为下述几个方面：

"在监督期内，债务人应当向管理人报告重整计划执行情况和债务人财务状况，并根据管理人要求提交相关材料；管理人有权随时查阅债务人的财务和经营资料，债务人应当予以配合；管理人认为需要延长重整计划执行监督期限的，可申请法院裁定予以延长；监督期届满时，管理人应当向人民法院提交监督报告。"

其次，关于监督人行使职权的程序问题。若仅仅赋予管理人监督的权利，而不规定该权利行使的程序，则管理人的监督极有可能流于形式。同时由于管理人并非具有强制执行力的公权力机关，因此要保证其监督的执行，还需要在某些条件下赋予其启动法院强制执行力的途径。在完善相关立法时，建议可做如下考虑：

　　"债务人未按规定执行重整计划，或者有其他损害债权人等利害关系人的行为时，管理人有权向债务人发出限期整改通知。债务人在限期内不纠正的，管理人有权申请法院强制执行。"

　　最后，对于上市公司的破产重整计划而言，虽然经过法院批准后就应当具备强制执行力。但由于其往往涉及重大资产的处置或证券、债券的融资，在执行过程中不仅尚需相关监管的批准，也存在较多的金融风险。因此，在上市公司破产重整计划的执行中，可能会发生在制订破产重整计划时不可预料的风险，从而导致原破产重整计划部分内容无法执行，甚至是最终无法恢复债务人的经营能力。在这种情况下，为避免更大的损失，应该赋予相关主体提起修改乃至终止重整计划执行的权利。

　　就上市公司破产重整计划在执行过程中的修改或终止而言，在完善相关立法时可考虑为：

　　"在重整计划的执行中，因情势变更或其他正当理由致使不能执行，或无法达到执行目的，债务人、管理人或其他表决权人可以向法院申请修改或终止执行重整计划。法院应当在收到申请后15日内，裁定批准修改或终止执行重整计划；法院不予批准的，债务人应当按照重整计划继续执行；法院经审查裁定修改重整计划的，修改及表决的程序与原重整计划相同，利益未受到影响的表决权人不再参加表决。"

（五）与上市公司破产重整计划相关的信息披露问题

　　信息披露对于上市公司而言，是一项相当重要的义务，意在解决上市公司日常经营和管理中的信息不对称问题，从而保障中小股东利益，维护一个公平的证券市场环境。在上市公司的破产重整过程中，涉及公司的重大诉讼事项，且存在着股权变更、重大资产处置等影响投资者利益的重大事项。因此，上市公司破产重整中的信息披露有着必要性和重要意义。而作为破产重整程序的核心，破产重整计划集中地体现并影响着各方主体的利益。因此除去破产重整过程中的某些程序性问题外，在上市公司破产重整的信息披露中，破产重整计应该是披露的重点环节。

　　我国2006年新《破产法》没有对上市公司的破产重整规定专门的信息披露制度，而现有的上市公司信息披露规定又存在于不同的法律、法规以及部门规章之中。因此，为统一法律的效力及具体规则的适用，有必要在破产法或相关司法解释中就上市公司的破产重整作出专门的规定。就目前针对上市公司信息披露的相关规范来看，可分为四个层次，即国家法律（如证券法、公司法）、行政法规（如上市公司监管条例、股票发行与交易管理暂行条例等）、部门规章（如上市公司信息披露管理办法、公开发行证券的公司信息披露编报规则等）以及自律性规则（如证券交易所股票上市规则等）。

根据上述规范，我国上市公司的信息披露可分为了常规性信息披露和特殊性信息披露：

在常规性信息披露要求中，包括了定期报告和临时报告。其中需要定期报告的事项，一般为上市公司的财务状况和与公司基本面相关的信息，如中期报告、年度报告等，内容涵盖了公司财务会计报告和经营情况、涉及公司的重大诉讼事项、已发行的股票、公司债券变动情况等信息。对于临时报告而言，根据证券法的相关规定，则是指当发生对上市公司股票交易价格产生较大影响的重大事件，且投资者尚未得知时，上市公司应立即将有关重大事件的情况向证券监管机构和证券交易所报送临时报告。这里的重大事项包括了公司的重大投资行为和重大的购置资产决定，公司减资、合并、分立、解散及申请破产的决定等。

在特殊性信息披露中，披露的信息多和证券交易的暂停或终止，以及上市公司重大资产转让、股权转让等事项相关。根据证券法规定，证券交易所决定暂停或终止证券上市交易的，应当及时公告。而上海、深圳交易所的股票上市规则要求上市公司可能涉及的购买和出售资产的交易，以及债权债务重组交易，都属于应当披露的事项。对于上市公司出现破产事项时，还应当每月至少披露一次破产程序的进展情况，提示破产风险。

从上述对我国上市公司现有信息披露要求的简要介绍看，上市公司的信息披露虽然涵盖的事项较为繁杂，但其基本的理念则在于弥补证券市场上投资者与上市公司经营管理的信息不对称，从而维护市场的公平、安全及稳定，保护中小股东的合法权益。就相关规定来看，其实上市破产重整的许多环节已经被包括其中，比如破产重整计划中涉及的债务清偿、股权调整等。随着计划的执行，公司资产、股权发生重大变化时，都需要进行信息披露。而从整体上看，当上市公司进入破产重整程序时，在一定程度上已经符合公司涉及重大诉讼的事项，但由于上市公司破产重整涉及的程序及事项较为繁杂，且属于专门的司法程序，因此仍然有必要在现有的信息披露框架下，专门就上市公司破产重整的信息披露问题作出规定。

作为破产重整程序的核心，针对上市公司破产重整计划的信息披露问题，在完善相关立法时可从以下几个方面进行考虑：

　　首先，在上市公司破产重整计划的制定阶段。虽然上市公司破产重整过程中涉及的相关利益主体众多，但有相当数量的利益主体无法有效参与到计划的制定中，且对于众多的证券投资者而言，由于地域等原因，其获取信息的成本也会较高。因此，为维护众多小份额利益主体的权益，在破产重整计划交各表决组表决前，应当提前一定期限（如 30 日），将拟表决的破产重整计划草案进行全文披露。在披露计划内容的同时，考虑到上市公司破产重整计划的专业性和复杂性，还应当就某些问题进行解释说明。而对于有助于辅助表决权人判断计划可行性的相关资料也应一并披露，如根据联合国国际贸易法委员会《破产法立法指南》的要求，重整计划表决前披露说明中需包括：与债务人财务状况有关的资料，其中包括资产和负债表及现金流量表；可能对债务人今后运作造成影响的非财务信息；对计划的概述；对债权人按所提出的计划可得到的待遇与预计债权人在清算时所得进行的比较；债务人的企业能够继续经营和重整成功的依据；关于批准计划时所适用的表决机制的介绍；关于考虑到计划的影响后已做出充分安排来清偿计划中所规定的所有债务的情况说明和关于债务人的现金流量预期能够按计划偿付其债务的情况说明。①

　　借鉴上述立法指南，笔者认为，上市公司破产重整计划在表决前的披露，面对的是全体表决权人，其知识结构、能力程度有所不同，为保证信息接收主体能充分理解，在进行信息披露时不能仅仅是披露计划的内容。因此在规定我国上市公司破产重整计划表决前的信息披露时，除了应全文披露计划内容外，还可以考虑包括以下内容：上市公司负债表及现金流量表；经管理人清点已经确认的上市公司资产（包括实物资产和应收账款等）明细及相应估价；破产重整债权明细；若进入破产清算程序各类债权人能得到的清偿估算；管理人及其他中介机构信息；破产重整费用预算；上市公司恢复经营能力的分析和风险提示；表决权的行使方式和分组情况。

　　其次，在上市公司破产重整计划的表决阶段，信息披露主要是对表决情况的披露。如果各表决组表决通过，则应当将各组的具体表决情况进行详细披露，包括赞成和反对的人数和份额比例。若有表决组未通过破产重整计划，按照我国的法律规定，此时可能涉及计划的修改及重新表决。因此，在这种情况下，不仅需要披露各表决组的表决情况，对可能涉及的计划修改还应当作出说明，特别是需要重点披露哪些主体的利益会因修改而受到影响，以及对其利益影响

---

① 参见联合国国际贸易法委员会．破产法立法指南（中文版）．2006：193.

的程度预算。

再次，在法院批准上市公司破产重整计划阶段，由于法院是以裁定的形式做出批准与否的决定，而法院的判决和裁决一般而言都需要公开宣判。因此在法院的审查批准阶段，对法院的最终裁决，上市公司需要予以全文信息披露。同时，若破产重整计划经法院批准后，有相关主体就裁定提起了上诉，上市公司还应当在法院受理上诉当日披露上诉的相关事项，并在法院就上诉作出终审裁定时对裁定内容进行披露。

最后，在上市公司的破产重整计划执行阶段。由于在执行过程中，可能涉及上市公司股权的变化或重大资产的处置，此时需按照已有的上市公司信息披露规则进行披露。此外，对于上市公司破产重整计划的执行，涉及的环节较多，除股权变更、重大资产处置以及债务减免、清偿外，还有许多细节性的措施。因此在执行过程中有必要规定定期信息披露，即除上述几项重大事项需进行专项信息披露外，需要每隔一定期限（如15日），对破产重整计划的执行情况进行综合披露，这包括但不限于期间债务人的财务状况，相关经营合同的执行情况，计划中其他细节性措施的推进情况，监督人执行职责的相关情况（如是否发出整改通知）等。而监督人或其他利益相关者依法提请法院终止或修改破产重整计划时，上市公司也应在法院受理该申请之日，将该事项予以披露。

三、总结

狭义地看，破产重整程序是一项法律程序，但就实践中的运行而言，公司的破产重整是现代市场经济环境中的一场"商业运作"。对于上市公司的破产重整而言，由于具备在证券市场的融资资格，其一旦进入破产重整程序，所涉及的各方利益关系更为复杂，而在重整过程中金融性和商业性色彩会更加浓厚。在市场经济环境下，任何商业经营活动都会具有风险性，上市公司的经营活动也不能避免这一点。当上市公司陷入财务或经营的困境时，如何有效地减少利益的损失是各方利害关系人所追求的目标。破产重整程序作为一种积极的司法拯救制度，无疑为困境中的上市公司提供了一条全新的再建和复兴途径。在我国上市公司特殊的历史发展背景和现实情况下，破产重整程序更是困境中的上市公司恢复正常财务状况、重整经营能力，从而最终能避免退市的一只"救生圈"。因此，我国2006年新《破产法》颁布生效以来，上市公司的破产重整实践在我国得到了极大的发展空间。

虽然无论从理论的分析还是实践的观察来看，在上市公司的破产重整中，破产重整计划是最为核心的环节，但围绕上市公司破产重整计划所产生的各种问题，并非破产法一部法律所能涵盖和解决的。作为一场复杂而系统的商业活动，上市公司的破产重整需要协调、平衡各方主体的利益冲突。而同时在上市公司的经营活动和资产处置等过程中，又存在着不同部门对上市公司的监管。因此，对上市公司破产重整的规制，除破产法外还包括公司法、证券法以及相关的证券交易监管法规和行业规则。

　　我国 2006 年新《破产法》从制度层面初步构建起了破产重整程序，但对于上市公司的破产重整而言，2006 年新《破产法》中较为简要的规范并不能适应实践的需要。因此，需要针对目前实践中已经出现的一些问题，对相关规范作出更进一步的细化规定。但仅仅凭借破产法一部法律的规范，尚不能解决上市公司破产重整中出现的所有问题。作为一项新的制度，破产重整程序在我国破产法实践中的诞生必然会引起其他层面制度的连锁反应。在实践中，如何协调上市公司破产重整计划执行中的证券监管部门或国有资产监管部门的审批与法院裁决间的效力冲突问题，如何管制和监督破产重整中上市公司的融资行为，如何规范和完善我国的债权市场，以及如何建立起统一有效的社会保障体系等问题，都并非是在破产法层面所能解决的问题。因此本书在各章节分析的基础上，针对上市公司破产重整计划所提出的部分立法完善建议，仅仅是从某一个角度分析思考而得出的结论。而要进一步全面构建我国上市公司破产重整体系，不仅需要更多实践的积累和总结，更为重要的是，还需要除破产法以外的其他相关部门立法，甚至是社会其他相关非法律制度的进一步完善和发展。

参考文献

［1］韩长印.美国破产立法的历史变革及现实走向［J］.上海交通大学学报（哲学社会科学版），2004，12（6）：27-33，28.

［2］肖金泉，刘红林.破产重整——中国企业新的再生之路［M］.上海：上海人民出版社，2007：6-10，231-232，252-253，256-257，262.

［3］汪世虎.公司重整中的债权人利益保护研究［M］.北京：中国检察出版社，2006.

［4］费国平，万磊，徐家力.公司重整［M］.北京：中国时代经济出版社，2005.

［5］［美］伊丽莎白·沃伦，杰伊·劳伦斯·韦斯特布鲁克.债务人与债权人法（影印本）［M］.北京：中信出版社，2003：1029-1043.

［6］于海.西方社会思想史［M］.上海：复旦大学出版社，1993：384-385.

［7］［德］马克斯·韦伯.儒教与道教［M］.洪天富译.江苏：江苏人民出版社，1997：20，103.

［8］覃有土.商法学［M］.北京：中国政法大学出版社，1991：274.

［9］周枏.罗马法原论（下册）［M］.北京：商务印书馆，1994：933-934.

［10］［美］哈罗德·J.伯尔曼.法律与革命［M］.贺卫方，高鸿钧，张志铭，夏勇译.北京：中国大百科全书出版社，1993：146.

［11］汪世虎.公司重整中的债权人利益保护研究［D］.西南政法大学.2005（3）：13，22.

［12］何勤华，魏琼.西方商法史［M］.北京：北京大学出版社，2007：330，331-332.

［13］胡健.不断变革的英国破产法［N］.法制日报.2005年7月1日（第8版）.

［14］［英］费奥娜·托米.英国公司和个人破产法［M］.汤维建，刘静译.北京：北京大学出版社，2010：8-9，59.

［15］李飞.当代外国破产法［M］.北京：中国法制出版社，2006：348-349.

［16］［美］阿道夫·A.伯利，加德纳·C.米恩斯.现代公司与私有财产［M］.甘华鸣等译.北京：商务印书馆，2005：21-33.

［17］［法］阿尔贝·雅卡尔.我控诉霸道的经济［M］.黄旭颖译.广西：广西师范大学出版社，2001：17-18.

［18］张世君.公司重整的法律构造［M］.北京：人民法院出版社，2006：56，157.

［19］王卫国.法国治理企业困境的立法和实践［J］.外国法律译评.1996（4）：51-59.

［20］梁伟.建立我国重整法律制度的思考［J］.华侨大学学报（哲学社会科学版）.1999（4）；35-40.

［21］赵万一.商法基本问题研究［M］.北京：法律出版社，2002：58-59.

［22］曹兴权.认真对待商法的强制性：多维视角的诠释［J］.甘肃政法学院学报.2004（5）：18-22.

［23］丁文联.破产程序中的政策目标与利益平衡［M］.北京：法律出版社，2008：37-38，64，92-93.

［24］杨光斌.制度的形式与国家的兴衰［M］.北京：北京大学出版社，2005：237.

［25］陈信元，朱红军.转型经济中的公司治理［M］.北京：清华大学出版社，2007：4.

［26］龚伟.上市公司破产重整选.博弈与制度构建［J］.山东社会科学.2012（12）：158-161.

［27］杨秋波.上市公司破产选择行为及其效应研究［M］.成都：西南财经大学出版社，2008：44-45，140-143.

［28］［美］杨联陞.中国制度史研究［M］.彭刚，程钢译.南京：江苏人民出版社，2007：27-28，30.

［29］［比利时］亨利·皮雷纳.中世纪的城市［M］.陈国梁译.北京：商务印书馆，2006：24.

［30］钱穆.中国历代政治得失［M］.北京：三联书店，2005：18-19.

［31］范忠信.中西法文化的暗合与差异［M］.北京：中国政法大学出版社，2001：28-29.

［32］王佐发.公司重整制度的契约分析［M］.北京：中国政法大学出版社，2013：2.

［33］［美］小戴维·A.斯基尔.债务的世界美国破产法史［M］.赵炳昊译.

北京：中国法制出版社，2010：前言，4-5.

［34］赵惠妙.上市公司重整中政府角色的实证研究［J］.兰州学刊.2017（12）：136-160.

［35］丁燕.上市公司重整中行政权运行的偏离与矫正［J］.法学论坛.2016（2）：124.

［36］莫初明.企业重整中的金融债权保护［J］.商场现代化.2007（15）（下旬刊）：272-273.

［37］［美］格林斯坦，波尔斯比.政治学手册精选［M］.竺乾威等译.北京：商务印书馆，1998：580.

［38］陈庭忠.论政策和法律的协调与衔接［J］.理论探讨.2001（1）：64-66.

［39］［德］拉伦茨.法学方法论［M］.陈爱娥译.台北：五图出版公司，1996：144.

［40］王春福，孙裕德.政策目标的理性分析［J］.理论探讨.1999（2）：85-87.

［41］韩长印.破产优先权的公共政策基础［J］.中国法学.2002（3）：26-40.

［42］刘勇.破产法的私法精神缺失及原因分析［M］.行政与法.2006（12）：134.

［43］王国红.论政策执行中的政策规避［J］.桂海论丛.2003，19（1）：72-74.

［44］杨连强.利益差别与政策博弈：中央与地方关系的另类解读［J］.重庆社会科学.2006（7）：101-105.

［45］李永军.破产法的程序结构与利益平衡机制［J］.政法论坛.2007（1）：17-30.

［46］［美］史蒂文·瓦戈.社会变迁［M］.王晓黎等译.北京：北京大学出版社，2007：16-17.

［47］刘金国，蒋立山.中国社会转型与法律治理［M］.北京；中国法制出版社，2007：27-37.

［48］顾培东.破产法教程［M］.北京：法律出版社，1998：329.

［49］李永军.破产法律制度［M］.北京：中国法制出版社，2000：334.

［50］吕长江，赵岩.上市公司财务状况分类研究［J］.会计研究.2004（11）：53-62.

［51］汪世虎.公司重整：债权人保护的新途径［J］.特区经济.2006（10）：318-321.

［52］冯果.公司重整制度与债权人的法律保护［J］.武汉大学学报（哲学社会科学版）.1997（5）：57-62.

［53］汪世虎.我国公司重整制度的检讨与建议［J］.现代法学.2006，28（2）：131-138.

［54］李颖.破产重整中普通债权人与股东之间的权益博弈［J］.怀化学院学报.2017，36（4）：98-101.

［55］［日］北川善太郎.关于最近之未来的法律模型［M］.李薇译，民商法论丛（第6卷）.北京：法律出版社，1997：306.

［56］贺丹.破产重整控制权的法律配置［M］.北京：中国检察出版社，2010：148-149，164.

［57］曹文兵.上市公司重整中出资人权益调整的检视与完善［J］.法律适用.2018（17）：105-113.

［58］张世君，张冬梅.略论破产重整中劳动者的权益保护［J］.北京工会干部学院学报.2007，22（4）：50-54.

［59］范健，王建文.破产法［M］.北京：法律出版社，2009：32-33，89.

［60］王欣新，李江鸿.破产法制中的司法权与行政权关系探析［J］.政治与法律.2008（9）：2-7.

［61］孙国华.论法与利益之关系［J］.中国法学.1994（4）：37-44.

［62］汤维建.破产重整程序研究［J］.民商法论丛.1996（5）：35-38.

［63］武亿舟.公司法论［M］.台北：三民书局，1980：524-525.

［64］郑志斌，张婷.困境公司如何重整［M］.北京：人民法院出版社，2007：297-299，368，371-375，382.

［65］李晓燕.公司重整计划制度论述［J］.深圳大学学报（人文社会科学版）.1998，15（2）：62，65-66.

［66］王文宇.新公司与企业法［M］.北京：中国政法大学出版社，2003：219.

［67］［美］菲利普波尔.美国破产法典第11章企业整顿制度评价［J］.覃宇译.中外法学.1993（6）：59-67.

［68］刘有东，李季宁.上市公司重整相关问题研究［J］.法律适用.2009（3）：23-26.

［69］汪世虎.重整计划与债权人利益保护［J］.法学.2007（1）：112-

117.

［70］龚玉秀,方钰.新破产法重整制度下对债权人的保护［J］.理论导报.
2009（4）：34-36.

［71］李永军.破产重整制度研究［M］.北京：中国人民公安大学出版社，
1996：294，303-304，308，310.

［72］梁贤宇.商事法要论［M］.台北：三民书局，1981：215-216.转引
自郑志斌，张婷.困境公司如何重整［M］.北京：人民法院出版社，2007：
115.

［73］柯芳枝.公司法论［M］.北京：中国政法大学出版社，2004：433.

［74］李志强.关于我国破产重整计划批准制度的思考［J］.北方法学.
2008（3）：50-55，53.

［75］汪世虎.法院批准公司重整计划的条件探析［J］.商业经济与管理.
2007（1）：57-63.

［76］金星均.韩国公司重整制度立法的研究［D］.中国政法大学博士论
文.2006：198.

［77］何旺翔.德国的破产计划制度［J］.江海学刊.2007（6）：127-130.

［78］［美］大卫·G.爱泼斯坦，史蒂夫·H.尼克勒斯，詹姆斯·J.怀特.
美国破产法［M］.韩长印等译.北京：中国政法大学出版社，2003：733.

［79］王欣新，徐阳光.上市公司重整法律制度研究［J］.法学杂志.2007
（3）：65-70.

［80］王文宇.民商法理论与经济分析［M］.北京：中国政法大学出版社，
2002：48.

［81］潘琪.美国破产法［M］.北京：法律出版社，1999：234.

［82］王卫国.中国证券法破产法改革［M］.北京：中国政法大学出版社，
1999：9-10.

后　记
——江湖夜雨十年灯

一

还记得高中时，很喜欢读林清玄先生的散文。

那时尚不曾饮酒，但一篇《温一壶月光下酒》却让我心生莫名的向往。许多年后的一天，当初尝年少轻狂苦涩的我从恩师家中饮后告别，踏着凌晨的夜色、揣着满怀的酒气和朋友走在重庆的街头时，心中却尽是无人可诉的萧瑟、茫然之意。

只是而今，据我第一次读到林清玄先生的散文已隔了近二十年，而离那个在重庆街头踌躇伤怀的我也已有了十年。十年间，我与朋友都已为人夫、为人父，恩师也喜抱"小千金"，升级为外公乐享天伦之乐。

或许冥冥中自有天意，最初在读到"断鸿声里"时，并不知凤凰花为何物——自小在川南小城镇成长的我，自然没见过这种在南方城市颇为常见，花开得热烈红火但却并不高大的树木。只是不想后来却因高考志愿的阴差阳错，到了一个满是这凤凰花的校园。

时至今日，我仍然会常常想起在那一片红艳艳的花树下，透过花朵与树叶的间隙看到的一片一片耀眼阳光。

二

曾记得年少时颇有些"冥顽不灵"，外界对我的批评抑或是鼓励表扬，似乎都很难引起我内心的些许波澜，老师们对我颇有些头疼。而学子们最为重视的考试，我也时常如坐过山车一般忽上忽下，似乎凭自己心情肆意发挥，以至于父亲曾在卧室门后，为我做过一张我每次考试的排名分布图。现在回想起来这图倒似中国股市一般，时而高歌猛进，时而又大盘崩溃，全线下跌。时至今日，博士早已毕业，尚能做做博士后研究，再回想起当初那个捧着全班倒数分数的语文、数学试卷的少年，颇有些侥幸之感。

故此，从当初的"少年游"到而今的步步逼近不惑之年，我时常觉得颇受上天眷顾。这倒不是说自己事事一帆风顺。自离家求学至今这20年间，自然被欺过、侮过、负过，但又总是在人生的关键路口，遇见明师般的长辈、领导、师友教我、助我、护我。即便在我十年前返渝时这人生的低落期，也总有挚友陪我身边，更有师长、领导给予了无私的温暖与支持。

由于时间仓促，不能一一征得各位长辈、领导及师友们的同意，故不敢擅自冒昧在此署名致谢。但对于每一段恩情，我将铭记在心，并在未来的人生旅途中，始终保持奋发上进的工作与生活状态，时刻激励、提醒自己走好未来的每一步，万不能辜负长辈、领导、师友们对我的种种期望。

三

对于本书的学术价值，自认为有自知之明，不敢妄言。自己走的路也并非纯粹的学术研究之路，书中内容仅仅是我在工作实践中的所思所得，万不敢与各位学术界的前辈与后起之秀相比拟。本书更重要的意义在于，把自己的工作与思考记录下来，对自己是一种总结，对家人是一个交代。

返渝工作十年来，虽然已经成家为人夫、为人父，但内心深处始终有点小小的"任性"。无论是从国有企业到政府部门的"职业转变"，还是以"大龄之身"去跨专业做博士后研究，均是自己一人做出决定甚至是行动之后，方告知家人。幸得妻子始终如一的理解，对我任何决定都给予无条件支持，包容我近三年来高强度的加班以及加班后还要面对的科研压力，在金融机构工作压力颇大的情形下，仍然分担了教育幼子的大多数责任。

中国有句俗语，家有一老如有一宝。当年我刚刚返渝，又正值冲击博士论文的关键时期，我白天上班，晚上伏案写作，每日的时间几乎是以分钟为单位进行计划和安排。那时若无母亲的尽心照顾，很难想象我能坚持度过那段枯燥而又艰辛的时光。成家有子后，母亲又长期担负起帮忙照顾孙儿的重任，以让我们夫妻能安心忙于工作。而丈母娘在强忍着腰腿的疼痛，照料身体健康状态不佳的老丈人以及家人生活的同时，还利用自己丰富的小学教师经验，为外孙启智开蒙。

若没有家中这三位母亲的付出与贡献，我是万万不能在工作或研究中取得些许进步与成绩的。因此，我谨将此书献给家里的三位母亲，唯愿时光不老，芳华依旧。

李雨松
2020 年元月于重庆